U0942414

獻給母親

JACK SO

蘇澤光 著

不說不可能

從廣州街童到機場主席

商務印書館

不說不可能 —— 從廣州街童到機場主席

作　　者　蘇澤光
總 編 輯　毛永波
責任編輯　林雪伶
裝幀設計　趙穎珊
排　　版　高向明　趙穎珊
校　　對　黃子謙　張諾曦
印　　務　龍寶祺
出　　版　商務印書館（香港）有限公司
香港筲箕灣耀興道 3 號東匯廣場 8 樓
http://www.commercialpress.com.hk
發　　行　香港聯合書刊物流有限公司
香港新界荃灣德士古道 220-248 號荃灣工業中心 16 樓
印　　刷　寶華數碼印刷有限公司
香港柴灣吉勝街勝景工業大廈 4 樓 A 室
版　　次　2025 年 3 月第 1 版第 1 次印刷

ISBN 978 962 07 6776 0
Printed in Hong Kong

序言

動筆之前有不少人提出，在我五十多年工作生涯中，參與過八份職業，每份都擔任吃重角色。上任前多是被邀去公司或機構解決難題，初期總是充滿挑戰，但最終都能不負眾望，這離不開眾多貴人的相助。我始終秉持着勤能補拙的態度，全身心投入每一項工作，從中發掘樂趣，激發熱情，全力以赴地完成任務。

寫自傳是我最大的挑戰。素來不善於談論自己，亦無撰寫日記的習慣，更未曾刻意保存照片；如今憑藉逐漸褪色的記憶，以及不太靈光的中文，我常自問：這樣寫成的書，會有人願意翻閱嗎？思前想後，終於在退休後挑起筆桿，這份勇氣主要受以下幾個動力驅使。

一、我要感恩。幾十年來，有機會在不同行業馳騁學習，結交同事和朋友，享受愉快、失落、多彩的過程，期間多少人給過我引路和支持。從父母兄弟到老師、老闆、同事、股東、顧客、傳媒，我的接觸面廣，朋友也多，興趣不絕，無一不令我感恩。我要感謝國家，感謝香港給我的機會。直至這高齡，還想每天上班，不問酬勞，樂而忘返。

二、有幸經歷社會轉型，我參與過多個劃時代的基礎建設，希望能在本書分享經歷過的挑戰和過程。七十年代末，在倫敦和紐約推銷港股，並促成與美林證券換股；八十年代末主持貿易發展局，參與興建香港會議展覽中心及發展各行業展覽會；臨近千禧興建機場鐵路、IFC、ICC、昂坪纜車及迪士尼，開發及普及八達通系統；二千年後回歸貿易發展局及籌建電影發展局；2003 年後經營 Now TV；2020 年前後參與機場第三跑道工程……期間涉足內地地產及地鐵業務，親身參與了每個過程。通過這些經歷，我瞭解到國家經過四十年的改革開放，如何由弱變強；也見證了香港如何從製造業中心變為轉口港，再轉為服務中心。

三、「泥上偶然留指爪，鴻飛那復計東西」，人生都只是在歷史上出現幾十年，不需要亦不會留名，但趁着還記得之際，寫出來竟也相當享受。影像在腦海中浮現，差不多重活一次。

四、香港正處於另一個十字路口，剛由亂到治，但如何由治及興？我見證及參與了香港五十年來的經濟轉型，每次轉型皆充分利用自己的優勢，配合國家環境的需要和國際接軌，因而脫穎而出。未來一次的經濟轉型將向高科技進發，有幸十年前參與顧問小組工作，把河套區重新納入本港版圖，小組提出在河套建立科學園，現在這願景已逐步實現。之後到機場任主席，又構思了機場的五環發展概念，能助香港在灣區取得協同效應，繼續在國際間擔當超級聯繫人的角色。

本書大多是憑本人記憶撰寫，編寫過程中已力求準確，若有疏漏之處，敬請讀者海涵。期望能將五十年來的親身經歷如實呈現，心懷感恩，並以此回饋社會。同時，也希望藉此激勵年輕一代，繼續為國家與香港的繁榮進步，勇往直前，不懈奮鬥！

目錄

序　言 ii

第一部分

七十年代及以前

第一章 **廣州街童** 002

有幸未經戰亂，四兄弟妹童年在廣州長大。

第二章 **喇沙書院** 018

在母親堅持下，我第二次踏足香港。一家六口雖然生活在空間狹小的環境，但能重聚已是萬幸。九月的九龍塘，鳳凰花盛開，紅彤彤的色彩與洋紫荊的紫，恰似喇沙校色。喇沙的校歌點燃了我一生的熱情。

第三章 **香港大學** 036

大學考試放榜，我終於選擇了工商管理，隨後又和同學創辦了國際經濟商管學生會（AIESEC），赴美接受銀行訓練。

第四章 **公務員** 046

1969年，我成為了一名政府公務員，第一樁工作就接着個燙手山芋，擔任徙置事務處清拆組主管，登記及清拆木屋區及統籌救援秀茂坪山泥傾瀉事故。

第五章 **劍橋進修** 058

我在劍橋完成經濟文憑及函授律師課程，回港後加入剛剛成立的廉政公署，宣揚反貪。

第二部分

八十至九十年代

第六章 **進入華爾街** —— 072

適逢1979年鄧小平訪美後引發的第一波中國熱，離官從商，成為股票大王馮景禧助手，促成換股交易，令其成為美國最大股票公司美林證券的最大單一股東。這件事在香港和華爾街成為了頭條新聞。

第七章 **貿發局總裁** —— 104

香港金融業在1983年金融風暴及股災受到重創。1985年被任命為香港貿易發展局第一位華人總裁，向世界推銷香港及中國內地的產品，助香港經濟轉型為轉口港。

第八章 **私募基金** —— 146

經營私募基金帶來了與內地官員洽談項目的經驗。當時在第一波中國熱潮中，好位置的項目非常搶手，似乎整個世界都同一時間察覺到中國無窮的潛力，爭相競投。

第九章 **地鐵主席** —— 158

1995年，獲委任為香港地鐵公司主席兼行政總裁。提出無需公帑投資建設機鐵綫，創造七個沿綫社區。最終，公司獲評適合上市，實現了我心中維港兩岸國際金融中心及環球貿易廣場一對守門神的理想。

第三部分

千禧年代至今

第十章 **電訊盈科** 206

經近兩年多的努力，政府終於解除了對電盈在市場競爭的束縛，我們引入寬頻業務，收購移動電話公司和設立收費電視台，並購入英超聯的廣播權。

第十一章 **重返貿發局** 222

2007年至2015年獲委任為貿發局主席，開展亞洲金融論壇、電影發展基金、協助推動CEPA等項目；這次重回貿發局，焦點放在將香港和內地同步推向世界，也成功爭取河套區重返香港版圖。

第十二章 **衝上雲霄** 242

三跑工程一直有着各種反對聲音。2016年開工，2022年新跑道落成啟用，且無需動用公帑，再次達成香港在大型基建按時、按預算完成的光榮記錄。及後提出機場城市概念，可預見將成為大灣區的航空、文化、商業及旅遊交匯點。

第十三章 **非執行董事及顧問** 284

曾被委任為多間公司的董事，包括滙豐銀行、國泰航空、中國海洋石油、友邦保險、華潤電力、瑞信銀行、香港管弦樂團及安利等，每一間公司都給予我不同的專業知識和獨特的經歷。

第十四章　**我的家人** 302

父母始終默默支持我的成長、教育和事業，並以我的成就為榮，這是我唯一能回報的。他們給我的最珍貴禮物是妹妹和兩個弟弟，儘管相隔萬里，我們依然保持深厚的感情。

結　語 312

附　錄　一、2003 年 3 月評議員專欄文章 318

二、2017 年 1 月蘇澤光委員發言 323

三、2020 年 10 月 16 日「與主席對話」 326

鳴　謝 330

圖片提供 331

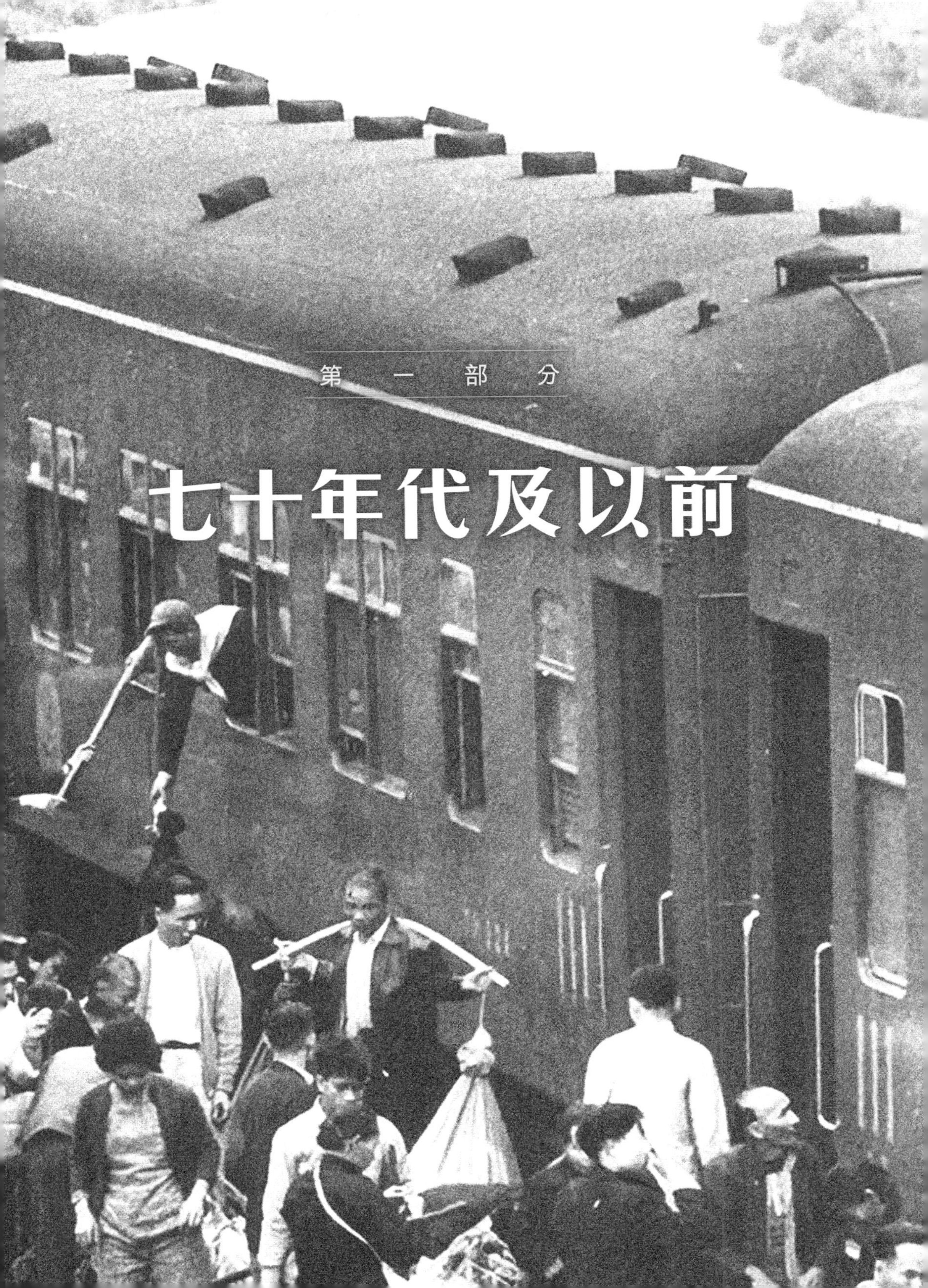

第　一　部　分

七十年代及以前

第一章

廣州街童

和弟妹合照，四弟還未出生

我在戰後出生，有幸未經戰亂，小時候在廣州沙面對面的調源下街長大。隔河遠望，沙面到處都有陽光，陽光輕輕灑在磚面路上、白漆牆邊，連附在老樹上的青苔也格外清晰。

我家是一棟兩層高的屋子，房間都在樓上，四兄弟妹總喜歡在樓下父親做生意用的倉庫間追逐。家族也曾有風光的日子，父親合夥經營一盤內河航運生意，經常來往港澳和廣州，一個月倒有大半時間不在家。也正因如此，他特別珍惜與他四個孩子相聚的時光。旁人經過我家門口，若果聽到歡聲笑語、稚音嘹亮，一定會猜到我父親到家了，他正跟我們玩猜字遊戲呢！

妹妹兩眼晶晶的望着父親，待父親頷首，她便出題道：「二小姐，猜一個字。」我立刻舉手，猜中是一個「姿」字。我又出一題：「頻頻躪躪（音琳），將軍出陣，手持單簡，面起紅暈」，猜一樣日常做的事情。妹妹不假思索，也猜中謎底是「去廁所做大事」，我們都不禁捧腹大笑。

同一屋簷下，竟養出四個迥然不同的人。我的二妹惠卿，脾氣隨和包容。我的三弟澤昭那時就已展現敏銳的商業頭腦，也有服務弱勢社羣的耐性。四弟澤輝是一個快樂的人，心無牽掛，他在美國唸大學，輾轉之下開了幾間餐館，後來成了舊金山中華總商會主席。同時，他喜歡玩兩手，在拉斯維加斯薄有名氣。

當時我在沙面護城河的邊上唸小學。三十年前舊地重遊回廣州的時候，沙面小學已經重建，但仍然是城中最好的小學之一。我是家中的老大，但也有淘氣的時候，不時和弟弟打架，而在讀書這方面，卻沒有大問題。老師不時在班上讀出我的作文以作表揚，已覺得滿足，感覺尋求知識很好玩。

父親看孩子們都活潑健康，應當是自豪的。他有時會帶我到他雅緻的辦公室，還曾經帶我去大沙頭的火車整備場。五十年代初，中國內地方才解放，社會氣氛相較寬鬆。我們一家安居樂業，日子悠然。這樣看來，衣食無憂，已是一大幸運了。

西關生活

1951 年起，中央開展「三反五反運動」，「三反」運動指在國家機關和國營企事業單位開展反貪污、反浪費、反官僚主義。「五反」運動是指在資本主義工商業者中開展反行賄、反偷稅漏稅、反盜騙國家財產、反偷工減料、反盜竊國家經濟情報。目的是打擊腐敗的幹部和商人。氣氛陡然變得緊張，為免受運動牽連，父親將生意結束了，舉家搬到西關。西關在民國時期是廣州的福地，年輕懶散的富家子弟聚居於此，一般稱他們為「西關大少」。解放後這些大戶都已家道中落，各散東西，而大宅也被改為酒家或黨政部門，多寶路有一所中國致公黨中央黨部總部。搬到西關後，我們家似乎又回到平靜的日子。雖然只租了後街地下一層，但有個小小的前院，母親沒有閒着，又是養白鴿，又是種花草。那時渠務基建不全，每年總要水浸一次，好端端的街道就泛濫成河。小孩走下去水至膝部，就地玩水，玩得個不亦樂乎。

母親人緣很好，有幾個獨留在廣州的香港年青人愛來此聚會。母親的大姪子是常客，我們都叫他做大表哥。他身材高瘦，獨身，談吐輕和，總是面帶微笑，在白鶴洞一個船舶拆解場工作。

童年時最早的記憶，是 1949 年 10 月 14 日傍晚聽到一聲爆炸聲，原來是國民黨敗退時炸毀海珠橋。解放初期廣州生活如常，母親還可以帶我去十八甫樓上一間教會做禮拜，那時她喚作「去聽書」。父親經營內河船生意，要經常來往香港廣州，他在家時喜歡帶着我們四個衣衫襤褸的赤腳街童到處遛達。有一次去一間叫「飛歌」的電器舖買收音機，我們三兄弟為了選甚麼顏色而吵得面紅耳熱。某年 12 月底，父親在香港寄來了一張聖誕卡，上面是一個穿了紅色衣服的白鬚公，經母親解釋才明白，這個是「外邊世界」的聖誕節，而那個白鬚公，是會派禮物的聖誕老人。

我們土頭土腦的四個，看見了西關的紅男綠女，感覺非常搶眼，包括我家樓上的兩位妙齡少女，經常帶着他們英俊的男友騎單車回來。其中一位後來移民到香港，並獲得眼科醫生資格，我們家搬到沙田時，她和家人就住在附近的道風山上，還有一段時期與我家的公關主任三弟保持聯絡。另外一次父親吩咐我們招待一對從上海來的夫婦，我看見他們衣着光鮮，談吐斯文，羨慕不已。數十年後的今天，唸上一句「常羨人間琢玉郎」，才明白當時心境。

大表哥也是個出眾的人，他懂得欣賞生活，說抽煙是最初幾口好抽，茶是後幾口好喝，所謂「煙頭茶尾」。到後來，我一個人留在廣州的半年，他更加是每個週末帶我去酒樓。那時候一般小童甚至青年都是赤腳的，可能大表哥要訓練我穿上鞋子，他堅持要買一對皮鞋給我，皮鞋我穿得不習慣也覺得不舒服，走遍了多間鞋舖，才終於買到一雙，他笑着說：「我們不是買鞋是『買難』」。

西郊離我家兩三公里左右，母親一有空閒，便帶我們去走走。那裏綠野平疇，孩子挽起褲管，涉水在蓮塘裏撈浮萍，拿回家餵番鴨。西郊更有一家雅緻的茶樓叫泮溪酒家，聞名至今。在家中有餘裕的時候，就去一趟「一盅兩件」。

父母還愛看電影，日子雖過得拘謹，一個月裏也盡可能看上一兩齣，當時我們看戲指定光臨龍津路上的那家戲院。有一套叫《兩畝地》的印度電影令我印象深刻，電影講述一個印度農民背井離鄉，去城裏打工，夢想掙錢贖回家中兩畝薄田。歷經千辛萬苦，還家之際，卻發現還是無法還清債務，財主強佔了他賴以生存的土地。電影院放映自家出品的電影之餘，也放蘇聯電影，均甚具說教意味。

畢竟是草根家庭，保持着對美好生活的嚮往，還記得多年前有人送了母親一匹絲綢，灰色底，但上面用顏料描繪了花朵雀鳥，現在看來頗為普通，但當時是一個窮家庭主婦唯一擁有的奢華。母親不時拿出來，對着懵懂的孩子歎道：「將來有合適場合，我會拿來做一件長衫。」她終究沒有機會展示這件衣服，而且料不到後面還有很多苦難歲月。即便如此，母親依舊保持樂觀，喜歡參加活動，享受團聚。

一次在全家參觀蘇聯展覽會時，母親在會場暈倒了要送院，幸好無大礙。說到醫院，還是她送我去的次數較多，一天下課後，我與同學在校園石街上嬉戲，打個筋斗，還不覺甚麼，直至朋友說：「你的下巴裂開了！」那時才覺得痛，但沒有血，母親立即送我到附近的仁濟醫院（即博濟醫院，在廣州越秀區仁濟路，所以老廣州稱此醫院為仁濟醫院）縫針。下巴是我的「重災區」，來香港後，有次騎了父親的電單車，在窩打老道培正中學門前，因路滑跌倒，下巴又再撕裂。媽媽又送我到九龍醫院縫針，現在還見到疤痕，她卻苦笑說：「你現在有着演員卻・德格拉斯（Kirk Douglas）的下巴。」

多寶路的古老大屋鱗次櫛比，齊肩相顧。有個酒家，喚作「愉園」，幾乎每一晚都有達官貴人要擺酒，於是我們三個街童，趁天色昏沉的時分溜進酒家。侍應忙碌地抬着托盤穿梭圓桌之間，瞅見這羣馬騮，唯有不理。於是我們蹲在桌裙邊，等侍應為客人開「荷蘭水」（汽水）。「啵」的一聲，瓶蓋落地，一羣馬騮一擁而上，拾起「荷蘭水蓋」放在兜裏，儲一大把以供玩耍。

到晚上八、九點鐘，我們伏在酒家門前，見身材肥胖、醉醺醺的客人被人攙扶出門，門前自有房車接送。三兄弟瞧見那房車，如遇珍品，好奇伸手往車頭一碰，渾身彈起！這才知道，車是會放靜電，司機立即疾聲呼喝將我們趕走。

在那個物質匱乏的年代，一般只能依靠糧油配給券兌換非常有限的糧食。我們是幸運的一羣，父親能從香港寄來食物，餅乾是珍貴的，母親會謹慎地分成幾份，打包好分發給親友。

平淡的日子總有波瀾，有日得到消息說媽媽要被下放。那時上山下鄉是非常普通的事，一旦被委派便要離鄉別井，到遙遠及落後的地方推動開發。父親已身在香港，無法馳援，就在我們躊躇之際，忽然來了個救星。

在逢源南約這條窄巷的中間，有一間破房 —— 我印象中裏面是黑沉沉的，凌亂不堪，中間放了一個大爐。這裏住了個子細小、貌不驚人，但態度和藹的何組長，現在回想他可能就是這街道的主管。我們後來申請到香港也要徵得他的同意。而媽媽的下放問題，終於拜託他成功解決了。何組長說：「鍾大姐（我媽），要照顧四個小孩不能離開。」我們聽到消息後如釋重負。疫情期間我在深圳隔離兩星期後，也要得到街道辦事處的大媽主任批准才可離開，離開一刻，我想起了何組長。

我家好友榮哥在國家鐵路局工作，對我們這些孩子十分親切，常帶我去荔枝灣游泳。我們就在多寶路邊一條小溪登上五彩燈光的舢板，遊客在船上飲宴聽歌作樂，遊船駛往更寬闊的珠江。到了水淺處，有一些築在高腳棚上的布篷供人更衣，換好衣服後即跳下河水暢泳。我們只顧游泳，不懂得欣賞花艇和歌女。到七十年代，榮哥結了婚，和太太移民到美國三藩市，和媽媽繼續保持友誼。他不懂英語，只做些閒工。媽媽吩咐我找些藉口默默地給些幫忙，我便說：「榮哥，你在中國鐵路多年經驗，可否寫幾篇回憶？」他很高興。我便每次給一些錢向他買文章，這些文章還在三弟處。

英德救援

父親是順德人，1944 年日本侵華戰爭尚未結束，父母逃難到廣東省一處名老隆（位處英德附近）的地方。為了討生活，父親開設了一個小食攤檔，一天晚上忽然被當地政府急召，說有一架美國軍機失事墜毀，機師獲救。

當時美國空軍協助中國抵禦日本侵略，該美國人飢寒交迫，表示想食西餐。我父親略懂一二，便送上煎餅、牛扒等西點，每日不同，維持了兩個星期直至他離開。數十年後，即十年前我弟弟澤昭偶然在美國一份報紙上，發現美國軍機二戰期間在廣東失事的新聞，追查之下原來主人翁 Chester Denney 還在生，已經八十多歲，住在佛羅里達州，弟弟立即與之聯繫，證實真有其事。

在今天中美關係極度緊張之際，這段簡單的歷史令我感慨非常。中美人民向來是朋友，抗戰期間國家亦得到美國的軍事援助。而父親能夠作出這一點溫情的表達，我感到非常自豪。

鄉間趣事

從前蘇家在順德有一座四合院祖屋，是典型的破落戶，有多個房間和偏廳圍着中間的庭園，大都日久失修，院子裏種有一棵大樹。鄉下的燊哥喜歡帶着我在山上跑，在溪澗裏暢泳。小時候，身邊的人一直為我平淡甚至帶點枯燥的生活增添滋味。燊哥樣貌俊朗，身體魁梧，和我一樣都是赤腳大仙。我喜歡跟着他學習田園生活，看雀鳥、捉魚，他教我哪種花裏面有花蜜，「多識於鳥獸草木之名」。燊哥種田，太太是幼稚園老師，他的父親是我的三伯，他在家旁邊的隔涌村小河邊擺檔租公仔書，賺點小錢。

順德有個可以追溯到上個世紀初的獨特傳統 —— 不少婦女出嫁後又離開丈夫自立，或參加單身婦女羣組，這是一個不少社會科學家有興趣研究的人類學問題。我爸的二姐，即是我叫的二姑媽，就是這樣一直住在娘家，而三伯的太太也一直在廣州打工。正因如此，順德的女傭非常搶手，做事不單得體、效率高，而且對僱主忠誠。順德男人也有過人之處，普遍廚藝一流，順德菜是廣東菜之中最優秀的支派。順德人的智慧不限於家務和做菜，香港的大地產公司如恒基、新世界；本地銀行如恒生、永隆、永亨；目前內地幾個大企業長隆、美的，也都是順德人的傑作。

有一次和燊哥赤腳登山，那次清明掃墓規模甚大，原來蘇氏的祖先都葬在不同的地方，有幾處還要坐河船經幾個鐘頭才到，我難得有這個遠足旅行的機會，實在樂透了。我發覺他在解釋墓穴風水坐向的同時，會留意附近山上的石頭，在一些怪石嶙峋的山崗上，他會挑選一些顏色特別的石頭回家收藏。這個收集的習慣到後來他的經濟環境漸佳，到處遊覽時，更加豐碩。石頭很重，旅行帶回來也不容易。現在到他或他的子女家裏，都能見到各種大小各異、顏色璀璨的石頭，可算是一個成功的家族嗜好。

燊哥從打工做起，後來自己出來創業設廠，子女也有樣學樣。怎會想到我 1981 年回鄉時，見到兩位扛着鋤頭、滿腳泥濘的夫婦，現在一家擁有三間廠房。至於祖先的墳墓，他已安排請回碧江的一個巨大的寺廟供奉。燊哥在疫情前幾年去世，他留下的石頭就標誌着他奮鬥的精神，是給下一代的好榜樣。

家中一個朋友的親戚住在橫崗小鎮，小時候也不時去玩。家長李先生是中醫，大兒子在中醫學院就讀，經常在家裏進行各種實驗，我才知道內地中醫訓練原來是中西合璧的。三十年後，我在貿發局任職時曾前往海南島三亞，發覺原來這位青年中醫在研究青蒿醫病的功效！之後我們又失去聯絡，幾年後就看到新聞說中國科學家因研究青蒿抗瘧而獲得諾貝爾獎，相信他可能屬於屠呦呦大師的團隊。李中醫的小兒子我也認識，在我當上深圳市政協時，一位在台上坐的女常委走來對我說：「你小時候是我丈夫的朋友。」令我甚為感觸。一些曾經有交往的人，每每各奔前程，各有建樹，人生就是這樣。

珠江岸邊一席話

十一歲那年，父母和三弟已身在香港，我要帶弟妹離開廣州往香港團聚。出發前數天，我把這消息告訴班主任，他聽了之後，帶我到珠江岸邊坐着，看帆船經過，說：「國家現在的情況是艱難，這是我們從落後發展成為社會主義的必經過程，其中亦可能發生錯誤，你現在是少先隊，幾年後進入青年團，有非常好的前景！為國家為民族作出貢獻，不要放棄，不要氣餒，不要去一個腐敗的社會，浪費青春。」說到激動時，竟然唱起歌曲《白麥子》來：「對國家對人民的無限熱愛和真誠，就是你的勞動熱情。」我答應他說：「帶了弟妹到香港後，我是會回來的。」

他最後送我一本書《卓婭和舒拉的故事》，故事大致是說蘇聯衛國戰爭時期，姐弟卓婭和舒拉為保衛祖國英勇犧牲的事蹟。卓婭在敵後執行任務時被捕，堅貞不屈，英勇犧牲；舒拉為姐姐報仇，成為坦克手，最終在勝利前夕犧牲。

他接着說：「我們國家自晚清以來，經過百年被外國欺凌羞辱，接着是軍閥割據、四分五裂，共產黨能統一全國，建立新中國，令中國人站起來，是很偉大的成就。」

回想起來，當時「老積」的我，思想已相當「前進」，在少先隊裏聽大哥哥們說得多，目標是十六歲進入青年團，因此班主任這番話，我很受落。

乘火車到香港

那時候，母親首先帶三弟來香港，因為全家移民不容易，三弟又有哮喘病，而且比較頑皮，媽說：「要看緊一些。」一年後，我們便找個理由申請來港。十二歲的我帶著弟妹乘火車，本來赤腳都要勉強穿上皮鞋，到達車站時卻碰到逢源南約對面屋的街坊，我們叫她周師奶，她和媽媽交情不錯。據我三弟回憶，一家人不知道我們確實甚麼時候抵達，只能站在月台上乾等。第一天，火車站閘口都關了，卻沒有接到我們。如是幾天，終於見我們的身影從月台一端緩緩出現。

想不到這一次也給周師奶留下深刻印象，大半個世紀之後，我發現原來她的女婿是我任職貿發局時候的同事，他在一次聚會時提起。我非常高興，並趁三弟從美國回來，安排了一次敘舊，談得興高采烈，舊夢重溫。這是我帶弟妹來港這創舉的明證。

到香港後，第一個印象是璀璨的燈光……街上的招牌從民居裏探出頭來，高低交錯、密密麻麻；販夫走卒、車笛燈光，繁華囂鬧。我將一切收入眼簾，卻不為所動。年少的我，不喜歡學英文，如在香港上學，必然要重讀小六；也不喜歡雜亂無章的資本主義，覺得內地有團體生活，我要貢獻祖國，雖然貧苦但都是暫時的，我要回廣州。

為了感動母親，我也唱出班主任的《白麥子》。母親終於禁不住我央求，同意讓我獨自返回廣州。於是她帶着我坐船去澳門，從澳門回廣州，在廣州多上了半年中一。

獨自回廣州

這半年裏，大表哥憐惜我家中無人，對我愛護有加。他那時候約莫四十五歲，一直沒有結婚，待我有如親兒子，帶我到餐廳，又給我置辦衣履。雖然這些衣履都是粗製品，當時的我已極其滿足。他緘口慎言，卻給我留下一些極富智慧的話，例如「名利是過眼雲煙」。小小年紀的我聽到這些話，哪知道是甚麼意思，只覺得充滿智慧，也學着他的模樣，老氣橫秋地四處對人說。

學校裏高年級的學長都十分照顧我，刻意課後時間給我補習。課後黃昏時分，隱約可聞童音遍徹。當時幾乎所有的小學生都加入少年先鋒隊，我們脖間圍了紅領巾，從校門一湧而出，攜手唱着一首叫《小白船》的童謠。

廣州南方大廈後面有一大片遊樂場，其中包括蘇聯展覽館和少年兒童宮，都是我兒時嚮往的地方。至於抗日中路則住了我媽的同學兼好朋友黃阿姨，他的丈夫姓吳是個醫生，有兩子

沙面一帶依然綠樹林蔭，舊建築成羣，沙面小學舊校風格如此，現在已換上現代化建築

三女，是相當舒適的家庭。我們四個衣衫襤褸經常到訪，也建立了珍貴的友誼。八十年代他們一家已移民到美國，仍然和我媽及弟妹保持聯繫。1981 年我在新鴻基證券任職時，到過廣州尋找吳家二小姐，知道她是在沙面任教幼稚園，在一個小公園看到她正在教小朋友做體操。久別重逢，實在勾起了多年前的回憶。疫情後，我三弟安排在紐約和吳家三姊妹下午茶，大家都已屆白髮。回想童年時代我們可說是青梅竹馬。她們叫聲大哥，我已覺得非常滿足。

另外一個抗日中路的回憶，是那裏有一間收購郵票的店，我就把父親寄回來信件的郵票拿到這店出售，希望做成人生第一單生意。店主看了之後說一句：「太值錢了，我們不夠現金。」就連我這簡單的頭腦，也明白這是諷刺式的拒絕。

五十年代末，「大躍進」運動展開，年僅十一二歲的少先隊隊員需要去農村幫助農民。對我們一班十來歲的孩子來說，在田裏踐泥踏土是非常有趣的事情，農民從不讓我們打擾他們工作，揮揮手便打發我們去邊上玩耍。於是我們四處捉青蛙、捕魚，玩得不亦樂乎，就這樣完成「下放」。「大躍進」初期還有個「除四害」運動，孩子們也要參與，一天裏的要務就是捉老鼠、麻雀、拍蒼蠅及蚊子。如拍着蒼蠅，便用火柴盒一隻隻的裝好，裏面撒點白板筆粉末藏起，上學交給老師換取糖果獎勵。

獨自待在廣州的我，得表哥的照顧，他有糧票可換來食物。母親察覺很難永遠靠表哥照顧，不能再容許我繼續下去，於是親身回廣州帶我經澳門坐船到香港。這一次，她下定決心，不讓我回去了，說：「你就留在香港貢獻祖國吧。」

舊地重遊

「別夢依稀咒逝川，故園三十二年前。」辭別廣州的三十多年後，我才第一次重訪故園。入住「俄國式」的羊城賓館，附近每年舉辦大型廣州交易會，吸引無數海外商人前來採購。

當時已是改革開放開始的年代。不難感到人羣中的一股熱潮，大家褪去一式一樣的中山裝，都想上進、創業、國際化、發財。食肆也開始講究，陶陶居、北園等著名食店重開，一個位於長堤的大排檔忽然炙手可熱，得提早訂座。相較我童年之時的五十年代，真是天淵之別。我截下一輛出租車，循大道重遊一遍。從越秀公園起始，回到珠江邊，又從六二三路步行，環繞沙面一周。張目四看，所有古典建築依舊，但人面全非。我小學校舍原來精緻的英式小樓房已拆掉，改建成高層的建築。

過兩條街，新建的白天鵝酒店映入眼簾，是由香港霍英東先生捐建，電影《似水流年》取景於此，也是一部令我非常感動的電影。從沙面步行到西關逢源南約，憑印象找尋我家舊時的居所。小孩眼中看的大屋現在已變得渺小。孩提時前院是我母親養鴿子、種菜的樂園，顯然目前住客沒有如此雅趣，已成為一個存滿雜貨的空間。屋子附近的街道仍然很窄，但不復從前的寧靜。

再坐車經過逢源路，途經小時嚮往的金星戲院，進入西關之前，順路回顧一下三弟上的培正小學。多寶路一如記憶，處處皆林蔭大道，隱約可見樹後的大宅，欣然察覺保育得不錯。多寶路上的愉園酒家和致公黨總部仍在。往西郊方面行，又找到泮溪酒家，依然是以點心出名，居然做到一百種不同點心。

從多寶路南下數百米到旁邊的荔灣，小河收縮成窄小的渠道，以前燈火輝煌、花艇伴游的繁華已經消失。顯然時移勢易，市民的消遣和旅遊志趣，已經悄然改變。

我在白天鵝酒店簡單喝了咖啡，再乘車經長堤到珠海公園，南方大廈、少年宮、愛羣大廈、第一醫院等進入眼簾。闊別三十多年後的廣州，正處於百廢待興、萬眾沸騰的時代，連出租車司機口袋裏都有地產發展的意向書，方便向乘客介紹。當時我是以新鴻基證券公司代表身份前來洽談項目，之後幾次到廣州，都分別代表私募基金和香港地鐵。

行到長堤，在人民醫院附近看見大堆羣眾聚集，往前一看，原來是大排檔勝記，當時在廣州極為有名，一位難求。全因為勝記老闆娘做菜有一手，而且火爐就在旁邊，鑊氣十足！除了勝記，廣州又興起了一批新的食肆，再添「食在廣州」的美譽，與我離開時要捱餓的情景相比，實有天淵之別。亦印證了在我離別時，班主任所言「國家面對的困難是暫時的，未來前途一片光明」。

第二章

喇沙書院

喇沙舊校舍

在母親堅持下，我第二次踏足香港。這才真正發覺我們在九龍的家，原來只是一個小房間，我們睡在閣樓，下面是印刷工場，閣樓邊有扇小窗戶，透過這扇小窗戶，就能夠看見一小方格的界限街。

走上天台，可見到一英里以外的喇沙書院大圓頂（可惜此校舍已遭拆除），白得似要發亮。三弟拉着二妹，半哄半騙的說：「那是英女王住的地方！」我這個廣州小子，看着那建築心中只有憧憬，即使在我的幻想中，亦未敢想自己有朝一日，也會受這圓頂蔭庇。

第一次接觸西方文化，是在太古船務工作的姨丈吩咐他兒子（達表哥）帶我到覺士道童軍總會（現已改建）食牛扒，也第一次用到刀叉，嚐羅宋湯。

一家六口生活在空間狹小的環境，連去廁所、洗澡都要看包租婆的面色，但我們慶幸能夠重聚在一起。幾個孩子學前課後，都要在這小工作坊幫忙生產筆記本、練習簿等文具用品，室內整天轟隆機響，盡是切紙、印刷的聲音。

不單止要裝訂，還要送貨到客戶，或手提或推車，還試過推車仔到尖沙咀。那時深水埗一帶有不少我們這類山寨廠。一次弟弟和我在西洋菜街上推車，路面顛簸，手推車一翻，一街都是書薄冊子。

除了在家中幫手做文具之外，每逢節日，還要幫助父親送禮盒到不同客戶，包括大書店的負責人。我們坐巴士捧着一大包禮盒到各區，還要找對地址，送上去之後，有些一言不發收了，但也有一兩位笑着說：「怎可以麻煩太子爺？」我總覺得多少有些冷嘲熱諷。

另一次，母親和我二人送貨到摩星嶺，我們身上的包袱都沉甸甸的。母親矮個子，揹起來更顯吃力。她見我愁眉苦臉，樂觀地對我說：「仔，你就當是去旅行啦！」她永遠能夠撥開烏雲，指點月明所在；她更有一股關懷別人的好心腸，但因一個長期的肺部病患，身子總不是很好。外公於百年前渡南洋至新加坡，她卻來香港接受護士訓練，但因家裏施加壓力，最終也沒有完成課業。她當不成護士，身邊好朋友卻都是護士。雖然學問不高，卻堅持將自己對古典中文所學所識，都教授給她的孩子；又鼓勵我們聽音樂，我對知識的渴求，多少受母親所啟發。

初到香港，我們作為租客，又開山寨廠，一家人特別是母親都受盡欺辱。包租婆一發脾氣，便會把母親剛洗好晾曬的衣物都丟在地上，我們不但要忍氣吞聲，還要經常送禮。唯一的安慰來自樓上的那位「自命」作曲家和經常下來借電話的美少女，他們也同樣是受氣的租客。此外我們還可以上屋頂，看對面警察球場的足球賽，又可以到屋後的小巷踏單車，妹妹的補習學校就在隔壁，她還教識我第一句英文「a pan and a man」。我這時候要開始真正學習英文，日間到一所由瑪利諾修女開辦的樂德小學插班重讀半年，母親曾幫助教會工作，所以認識修女，也要感謝她們願意收留我這個不諳英語的小童。學校是在何文田山上，要麻煩三弟每天送飯，節省午飯錢，晚上還要到夜校上堂。

家貧卻有貴親，如今九龍塘金巴倫道上一家高級幼稚園，以前是我舅公的房子。四個孩子也常被請到這豪宅吃飯，我也可以留下來温書或做功課。那是一個頗大的住宅，連着花園，主人家姓梁，在菲律賓做生意發財；他的母親是我祖母的堂妹。

梁家待我們如同家人，多個周末，帶我們從界限街的小洞裏鑽出來，接觸豪華世界。在那個私家車罕見的年代，表姐們會開私家車載我們遊覽郊外，包括那時最熱門的青山容龍別墅。

二表姐和三表姐都是籃球好手，不時帶我們去看比賽和看電影，她們的男朋友也對我們特別關照。九十年代梁家的大部分成員已經移民加拿大，與我在北美的弟妹時常聯絡。大宅樓上住着姓王的家庭，後來才知道王家的兒子是王冬勝！他是我在喇沙的校友，數十年後成為滙豐銀行的主席，他笑着說：「我和你有幸在上下層用功讀書，這房子的風水實在不錯。」

香港早年的教會學校是草根子弟突破貧窮的窗口。母親深明這個道理，盡她所能，送我們進好的學校。我妹妹入讀瑪利諾神父教會學校，我和四弟入讀喇沙書院，三弟入讀聖方濟各書院，都是優秀的學校。她是怎樣曉得這些學校的呢？也許是她已受洗為天主教徒，經教會神父介紹。要是當年母親沒有重視我們的教育，往後的人生路向也許全然不同。

喇沙書院是所教會學校，在學業、體育、音樂等方面一直都有好成績，更甄陶了許多家傳戶曉的人物，如李小龍、黃霑等。教師都是來自喇沙修士會，他們畢生貢獻教育事業。這所名校的特徵在於「大熔爐」三字：貧富共處、中外相融，並不講究甚麼身家種族，體現了孔子的「有教無類」精神。

在廣州所學的中文和數學程度已足夠，但對英文卻一竅不通，為要銜接上課程，我在送貨、幫忙生產之餘，便縮在閣樓裏自習英文。在香港的表哥表姐也給我補習。在成長的歷程之中，我得到過很多人的幫助。

二表嫂在基督教崇真中學教書，所以我會帶着最簡單的英文課本，在她課餘時間向她指教。另外，聽說父親的姪子曾唸英文書院，我也「不放過」地向他請教。另外一位姓蘇的親戚，本職就是替人補習，他的學生剛好也唸喇沙，我也毫不客氣地旁聽。父親有一位契姐，住在港島北角健康村，她四個兒子都是唸英文學校，我便從九龍過海，在港島坐電車到北角找她。每次經過漫長的英皇道，尤其晚上萬家燈火時，我坐在「叮叮」

電車上層，吹着晚風，對我來說是個難得的享受。這個姑媽喜歡台灣，他曾勸說父親：「阿光不識英文沒有問題，可送他到中文中學，然後到台灣唸大學。」他的兒子都走這一途，當時看來並不是最理想的選擇，但今天台灣電機工程的畢業生，在高科技行業，例如晶片發展上，有極高成就。這使我理解到成功之路不只一條，各有前因莫羨人。雖然我留港唸英文中學，亦是不錯的選擇，初到香港這一年四處奔波學習英文，求知若渴。

喇沙小學

苦讀半年後，母親頂着六月暑天，在喇沙小學門外通宵等候，排隊取報名表格。親朋都不看好，我一個廣州仔，如何能進這所學校呢？母親說：「不試過，怎麼知道？」人龍從街頭排到街尾，她耐心等耐。幾經辛苦，終於拿到一紙表格，換來校長彭亨利修士的一次面試。校長和藹而又有威嚴，我們對答數番，就這樣我迎來人生第一個突破，我被喇沙小學取錄了，我迄今仍然不知道他看上我甚麼。後來聽聞，亨利修士每年總會取錄一兩個不懂英文的內地孩童。

喇沙是全英語授課的學校，起初我只是傻呼呼地坐在班房裏，全然不知道老師在說甚麼；但我絲毫沒有感到受挫，反而立下目標，誓要學曉英文！每天晚上，都跑到一間英語補習學校上課，學校叫易通英專，是在窩打老道天橋旁邊，從界限街的家走到學校大約要大半個小時，冬天寒風凜凜，又落下微雨，也不好受。學生大多是初來報到的內地移民，年紀參差，水平也不一。現在回想，當時授課的老師英文水平也不高，他自顧自講，學生也自由交談、吃零食，交了學費便不需要遵守任何紀律。對我來說，唯一的好處是拿到筆記，可以回家自修。

這個挑戰為我開啟了新的世界，從中找到無限樂趣。在小六努力跟上全英語的課程，半年過去，已可以讀起簡單的英文小說來。在喇沙這個大熔爐，不管你是住劏房還是加多利山，窮的、富的都玩在一起，「大陸仔」沒有遇過甚麼欺凌歧視。在學校每遇到新鮮事物，我都一定要嘗試，甚至參加西樂團。母親給我買了一把相信是最便宜的小提琴，而且受到嚴厲的安東尼修士操練，我閒不下來。到小學畢業時，不但能與同學打成一片，英文更不再使我恐懼了。

放學回到狹窄的家中，我學會了自尋樂趣。做功課做到苦悶處，望往窗口出神；提起鉛筆，記下界限街上有多少輛汽車經過，抄下汽車車牌作為娛樂。周末，走上天棚看警察球場裏的足球比賽，任意為其中一隊喝采打氣，這樣已覺挺開心。還有一個活動，我們家製作功課簿，過程中產生的紙屑堆滿時可以賣錢，父親就會帶我們去旺角看五點半的「公餘場」，花一個幾毫就能看上一齣戲。應當看過《遊俠西征》、《賓虛》這些荷里活名電影，以前的戲院不似現今的微型戲院，院廳寬敞，能坐幾百觀眾，銀幕巨大，場面震撼。在黑漆漆的影院裏，暫時忘記了現實，沉醉在觀影享受中，想不到多年後，我的人生竟與電影結緣，倒是當年那「公餘場」的小觀眾料想不到的。

亞皆老街百老匯戲院

獎學金

從喇沙小學望去對面馬路，每日都可見到白襯衫、灰西褲的中學大哥哥進進出出。我在期望着有一天，能夠加入他們之列，到「英女王住的地方」讀書。

升中考試放榜當日，亨利修士看着跟前的我，微笑着說：「你考到了獎學金，我會把你名字放在禮堂牆上的金榜。」我耳後一陣發燙，一半出於對修士的敬仰，一半發自內心興奮，對眼前一切不敢置信。以後每次到禮堂，都希望人們看到金榜題名，但大多人都會錯過，有一次友人看到了金榜，卻問：「這是否二次大戰捐軀的名冊？」無論如何，小學時的夢想終於實現，我能夠跨過十米闊的喇沙利道，繼續中學學業。

九龍塘的七月，鳳凰花開，紅彤勝火，與洋紫荊的紫，恰好拼成喇沙校色，又是一年的畢業季節。喇沙的校歌，點燃起我一生的熱情。

中學的日子，我保持對學習的好奇，又以貪玩的態度參與各種課外活動，在家中幫忙父親的工場，還要為他人補習賺點外快，十分忙碌；幸好班中還有其他國籍的同學，令我的英語得以進步。

凡事投入的我，學業成績還算不錯，對體育和音樂也很感興趣。黃霑那時是口琴隊隊長，聽畢我一段演奏，立即把我調去最後一排，這樣我可以繼續參與，又可以減少噪音。我在音樂上如此欠缺天分，日後竟有機會當上香港管弦樂團主席。我對音樂的興趣，來自表親達表哥，他在青山醫院做電話接綫生。我那時很羡慕他，能夠住在醫院宿舍，和醫院裏的醫生交流，領略古典音樂的美妙。他不時邀請我去住處聽古典音樂，耳濡目染之下，我愛上了這藝術，終生受益。

喇沙的課外活動實在很精彩，老師也經常舉辦演講比賽、專題辯論等。鼓勵學生不要「死讀書」，要踴躍參與運動、音樂、戲劇等各樣活動。在戲劇方面，學校有兩個甚為古典的表演場地，其中一個是大禮堂，一次上演《岳飛》引起轟動，連附近學校的學生也來觀摩。扮岳飛的是我高年班的朋友陳紹鴻，他一臉正派，聲如洪鐘，岳飛一角，他確是不二之選。大學畢業後，他成為出色的醫生，經常照顧喇沙仔。他的文學根底深厚，書法寫得好，更開班授徒。我們幾兄弟，有幸和他經常交往，不幸的是，他英年早逝，我們痛失了一個非常好的朋友。

豪情少年敢為敢作

Boys of courage, boys of daring,

一身朝氣心向上

full of manliness and will;

人行正途艱危不怕

spirits nought for danger caring,

我會盡心全力幹

hearts to conquer every ill.

喇沙書院校歌，中文歌詞由黃霑撰寫

喇沙中學學生合照

另外一處是早會大廳，演出過《耶穌受難記》，其中出色的表演者是我敬愛的同學朱民康，他出身藝術世家，姐姐是編劇，住在太子道豪宅，他家樓下的咖啡室是名人雅仕的聚腳點。那次他扮演耶穌，被綁在十字架上，我看到非常感動，但心中也想，這頑皮小子可能是藉此做點補償。畢業後我們各奔前程，他在酒店業做到了最高層，是凱悅酒店亞太區的董事總經理，酒店行業的大阿哥。

英國著名樂隊披頭四（The Beatles）1964 年來港，盛極一時。那時我已迷上了古典音樂，居然不知甚麼是披頭四，直至同學們拉我到尖沙咀嘉諾撒聖瑪利書院擺攤位，舉辦披頭四嘉年華。當時香港有多個搖擺樂組合，年青歌手如陳欣健、Michael Remedios 等，當時得令，在會場上大出風頭，我這老古董也開始接受流行音樂，學唱披頭四和貓王歌曲。隨後聖瑪利女校的學生竟然邀請我們參加舞會，同學們分為兩派，一派是交際老手，對舞會司空見慣，但另一派包括我在內卻不懂跳舞，幸好某同學的兩個妹妹是瑪利諾學生，免費教導基本舞步。可惜臨到出場緊張，舞步已忘記了大半，看見別人跳得興高采烈，自己只懂得一步來兩步去矇混過關。

在校內我如同「神農嘗百草」，見到一個活動就試一個。數年來我參加過西樂團、游泳、救生、紅十字會、攝影，因為這些活動都是免費的。學校裏的修士從不強迫學生信教，但學校宗教氣氛濃厚，聖誕子夜彌撒在學校禮拜堂的大圓拱下，歌詠團頌唱聖誕歌、燭光閃耀⋯⋯烘托出如此美好和神聖的氣氛，令人感動。我一直沒有信教，直至結婚時被妻子「命令」，此乃後話了。

我在中學時十分欽慕修士的言傳身教、奉獻精神和豐富學識。有位修士專研莎士比亞文學，他把每堂課都講得娓娓動聽，令人着迷，等如為學生開啓了一扇門，看到另一世界。其他教師也同樣令人印象深刻：中文老師幽默詮釋古文、有點古怪的化學老師，以及假裝不懂平衡方程式的數學老師等等。當然，他們每一位都有個獨一無二的花名，甚至學生都不記得他們的真實姓名。

學校又積極讓學生發展才能，起初我被推為一些校內學生組織的領袖，但第一次上台公開演講前，既焦慮又害怕，之後經過一次又一次的累積經驗，才克服了面對成百上千人說話的恐懼，甚至暗暗期待每次的舞台機會。日後和人交往，經營生意時向一眾合作伙伴講述公司的經營大計，能夠鎮靜自若，實有賴中學的訓練。

童年生活清貧，但在每一個階段，都偶爾嘗到生活的「小確幸」。廣州大表哥的弟弟，在電話公司當文員，和妻子兩個人都會英文，又是基督徒，幾個子女都進了好學校。對我們來說，是一個值得羨慕的家庭。他們很有愛心，不時邀請我們到住所吃飯玩耍。他住在新式洋樓，幾個窮家小子每次坐電梯都覺得興奮，上上落落數次遊「電梯河」；有一周末又安排我們一家坐渡輪到梅窩銀礦灣游泳，那是我第一次真正知道甚麼是度假。

兩項「創舉」

喇沙書院附近有著名女校瑪利諾修院學校，女學生是附近眾所男校學生爭相追求的對象。兩學校之間有個巴士站，一些同學特地在此等巴士，其實目的就是等女校放學，即使有空車來都不上車。漸漸我們發現喇沙雖然有地利之便，較遠的男拔萃及九龍華仁的同學也來參加競爭，大家到頭來都是「得個吉」，女生大多沒有興趣和這些無聊的青年人打交道！我終於醒覺，這個方式不切實際。當我被選為領袖生之後，立即採取行動，大膽地向瑪利諾女校的領袖生提出每年舉辦聯校派對，今天已成為了兩校的傳統。可惜我作了耕耘，但沒有收穫，到頭來娶了一位女拔萃畢業生為太太。

除了為同學追女仔謀幸福外，喇沙每年的畢業典禮必定邀請一位嘉賓發表演說，之後由領袖生上台道謝之際，照例會提出給同學放假一天的請求。這次我決定照先賢教訓「言人之所未言」，請求兩天假期，我有信心在數百位同學面前，嘉賓肯定不好意思拒絕。結果一如所料「成功爭取」，直至今天同學還記得我這兩項創舉。

現在回想，我之所以能揮灑自如，是因為當時與校長菲力士修士關係不錯。有一天他對我說：「我們學校成績實在不錯，但外界仍是注重我們著名畢業生李小龍的武打功夫，以及多個明星歌星的才華，如何能夠一洗形象，把喇沙仔變成紳士，給人風度翩翩、飽有學識的感覺呢？」我想了一晚，終於給他一個很簡單的提議：「全香港學校的校服都是藍色，我們不如把校服改為黑色，這樣更接近禮服，穿起來起碼像半個紳士。」校長從善如流，欣然接受這個提議。

其他老師看來對我的印象都不錯。其中一位班主任從上海聖約翰大學畢業，英文很好，而且喜歡拉小提琴，他特意請我回家給我訓練。中學畢業後，才知道他在上水成立了一所很受歡迎的學校。另一位老師也在課外要我參加拯溺隊，拯溺訓練包括在淺水灣潛水到海底，把一塊磚頭拾上來，雖然不是甚麼大成就，但已給予我一個嶄新的經驗，原來我也可以徒手潛水！

當然，這所校風傳統的古老教會學校也會有一些頑皮學生。有同學曾經帶我到附近的九龍城寨，當時一個「三不管」的地方看脫衣舞。場地烏煙瘴氣，我們幾個初哥被看場的粗漢喝道：「四眼仔，你拿黃票走去後邊！」又是一個人生體驗。

我的中學時代，學業表現也不錯，而在母親的教導下家中兄弟團結，也不乏娛樂。父親的文具生意好像不錯，從電單車換到小貨車，之後又換了一部二手房車；但實際上是艱苦經營，要做兼職為肉商收「街數」。虧得他人緣好，收數之餘，還有店舖贈他牛雜，我們將之視為珍品，母親會準備最拿手的一品鍋，一家人大快朵頤，其樂融融。父親雖然做小生意，但卻從來不乏鴻圖大計，他曾經出版當年少有的美女日曆，更帶我到北角一個較為有名的畫家處看他的大作，到頭來當然是虧蝕收場。他的小公司也參加了在大會堂舉行的書籍文具展覽，這個經歷對我日後在貿發局構想書展有一定的影響。還有一次，組織了一班印刷同行準備競投電話公司每年印製的電話簿，不成功之餘更蝕了本錢，怎想到數十年後我竟成為了電訊公司的總裁。電話簿已不復存在，號碼都儲存在手機內了。

在這段時期，我們家搬到了旺角的一個閣樓，雖不可說是寬敞，但至少印刷機不在臥枕的正下方了。這點得來不易的「奢侈」的缺點，就是新居旁邊是個垃圾房，不遠處更是醫院的殮房，所以我們幾乎每個小時都能聽到葬禮哀樂。那年是 1962 年，颱風溫黛吹襲，翌日早上開窗一看，外面整塊遮風的鐵皮被吹走了。

之後，舉家又搬遷到土瓜灣長寧街。到香港六年之後，這是我第一次躺臥在一張正常的床上。文具廠設在土瓜灣道，整個家庭都很開心地迎接這一切，知道父親在努力改善生活，我們享受着所擁有的一點點。父親不知從何處弄來一部快艇摩打，在吐露港海邊租了小艇，乘着粼粼波光，帶着弟弟過對面馬鞍山，這對當時的我來說，是多麼遙遠的旅行！在獅子山隧道打通而未行車時，我和三弟也試過租單車，大膽穿過隧道來尋找刺激，騎去差不多十公里外的沙田多石村。

母親教育我們「人窮志不衰」。有段日子她當私家看護，需要徹夜不眠地通宵工作，到早上就帶兩個牛角包回家，告訴我們有錢人是吃這種麵包的，說：「我們也能吃得到！」我的成長背景裏，好像從來都有一扇窗，能一窺優渥的生活，沒被貧窮限制想像。

誰料到好景不常。一個清晨，熟睡之際，忽然有人用力的拍門，頓時罵聲四起。我們自夢中驚醒，不知發生何事。原來父親之前每次的生意擴張，都是靠借貸周轉支撐；擴張後的利潤卻不如預期，更無力償還債務。他破產了，債主不斷臨門追債，父親被債主追得緊了，母親便想法子擺脫，一家人搬到沙田排頭村山腰上一間小石屋的二樓，後來又「孟母三遷」，搬到沙田火車站旁的村屋。

一家人在沙田的日子相當艱苦，但落到如斯境地終須「馬死落地行」。父親在一座大廈當看更，母親在道風山上的外國人住宅做家傭，但她從不抱怨，也不忘記幫助街市上的水果佬，或裁縫的妻子，也繼續將她辛苦得來的微薄薪水部分捐給聖母修女會。我看着母親如此積極樂觀，這段灰暗的日子似乎好過了一點點，但我心中的迷茫揮之不去，只好埋首準備大學入學試。

人生低潮

五月考入學試，成績九月才公佈。能否考到大學乃是未知之數，即使考到，也不知家中經濟能否負擔？思前想後，還是及早開始打工為妙。終於在尖沙咀一家三星酒店擔任前台接待員，負責遞鑰匙。通宵工作至早上五點，到有人來接更時，會拍拍我肩膀，讓我去睡一覺，便昏昏沉沉地前往加連威老道的一個舊樓單位，這裏可以睡上十個人，躺上一張「碌架床」，便蒙頭入眠。

六七十年代是火紅火綠的年代，正值「文化大革命」和越戰高峰期。美國大兵上岸，除了灣仔外也流連尖沙咀。作為前台接待，親眼目睹許多人間悲劇與無奈，酒店老闆叫我好好幹，說不定兩年之後，會升上個前台主管的職位。我聽了不置可否，自己實在也不知前途，將來是會上大學，還是做個酒店小廝。

這個夏天，可以說是人生中的低潮。快樂的中學生活完結了，前途未卜；父親的小生意失敗了，當大廈看更。他也為人樂觀，還對我們自誇要巡查大廈多少設施，有時去探望他工作，發現門口擺了牌子「Out For Inspection」(外出巡樓)，我們也高興他能樂天知命。而且他的大廈是在尖沙咀中心區，還附有個小房間休息，可歇下腳。三弟還經過他的介紹，在該大廈為一些住客清潔車輛，賺點外快。媽媽當家傭的地點就是在沙田村口的道風山，僱主是一對外籍夫婦，聽說是友善的，她以前從未煮過西餐，我爸卻在抗戰時期在粵北開過間小攤檔，曾經招待過美軍，所以母親也應略懂一二。

幸好父母捱苦不到兩年。我的弟妹不唸大學，並已找到工作，妹妹當護士，三弟當船務文員，有了他們的收入，家庭環境開始改善。

我們一直在貧困中掙扎求存，或許這是一般新移民從零開始的必經之路。父母堅持做小生意，而且努力安排兒女入讀好學校。當我們屈身在界限街一個小房間中，望向對面九龍仔一排排的徙置區，不禁羨慕非常，我的第一份公職是徙置事務處，才知道香港的公屋政策確實支持了數十萬家庭，養育了一代又一代的人才。

在父母的鼓勵下，我們沒有放棄，在最困難的時候，仍然抱着樂觀的心情，希望有一天能捱過困境。現在回看，仍覺得這個磨練是正面的，使我們四兄弟妹更加團結，領略到「千金難買少年貧」的道理。

第三章

香港大學

入讀香港大學，全家留影，和梁家老爺（左二）及二表哥（右四）合照

大學入學試放榜，有幸能入讀香港大學，獲得獎學金，那時在我們的圈子裏，我是第一個考到入香港大學的！開學的第一天，全家人都來了，梁家的老爺也來拍照。

由於弟妹都已投身社會，家裏經濟壓力稍微紓緩，父母都鼓勵我：「難得考到獎學金，一定要讀上去。」我選擇了工商管理，這是一個三年的學位課程，而且聽說讀這科「不需太努力」。

我選科的另一個要求，是希望班中美女較多，而商科最切合這兩個要求。上課第一天，已發現顏值高的女生也會選擇這容易過關的科目，我摩拳擦掌，認定目標準備展開攻勢，一個星期之後情形大變，美女都盡告失蹤！調查之後，發覺她們都跑到沙宣道的醫學大樓去物色對象。這個期望雖然落空，但第一個條件卻是做到了：即使沒有下很多工夫，仍然合格畢業。

早期香港大學面貌

舍堂生活

大學生活，尤其是第一年，是男女學生互相追逐的黃金時代。就連我這「傻瓜」也覺察到一兩個暗示，但心頭高的我總覺易得來的很不值錢。其中一次四對男女同學往某大公司度假屋過週末，晚飯回來三對都已入房，我卻很老實地發問：「我今晚睡在哪裏？」剩下的女生憤怒地說：「你就睡在客廳沙發吧！」

在大學時，我住在利瑪竇宿舍（Ricci Hall），舍堂生活實在很精彩，我全程投入，也被選為新生領袖。起初以為是極大榮譽，還很高興地向父母兄弟報喜。後來才發現全因我在面試時表現過分熱情，笑容太多，對高年班同學不夠謙卑，成個「傻仔樣」，所以成為被捉弄的對象，我卻懵然不知。樂觀的性格，把被捉弄當成是好玩。畢業後多年來，仍與當年的舍友是好朋友，原來這就是所謂「玩新生」的高尚目的。

我由一個從傳統天主教學校畢業，尊崇老師教訓，用心讀書循規蹈矩的好學生入到大學，而且選了輕鬆的課程，兩者添加等於大解放，把讀書的熱情轉移到其他活動。擔任音樂和辯論召集人，晚飯後更忙於打桌球、玩啤牌，第一年還要幫忙為高年級同學送宵夜到何東夫人紀念堂給女友，還經常一起走到西環宵夜，以示合羣。宿友們很注重所謂利瑪竇精神，就是說在任何比賽，都會力竭聲嘶地唱舍歌。每年一次在陸佑堂的歌唱比賽，是利瑪竇宿舍和大學堂（University Hall）兩大陣營互相取笑、喝倒采的大場面。有一年竟然雙方跑到台上「矖馬」，差不多大打出手，我們的「熱情」終於被英國籍校長察覺，急召這些學生到他的辦事處訓話。

除了忙碌的舍堂活動，我也會偶然到班房上堂。遇到啟蒙老師陳坤耀，他的絕招就是欲擒先縱，初見面就對我說：「喇沙仔一般不會很用功，你玩完就來聽我講課吧。」這反而引起我的興趣。他介紹課本以外的參考書，我都喜歡閱讀，而陳老師（其實和我年紀差不多）已成為我數十年的朋友。商科班的同學雖然不常見面，但卻在課外活動包括打麻雀和賭馬上成為好友，畢業後數十年經常聚餐。我的同學范鴻齡現在是醫管局主席，他一向做事認真，而且樂於助人，我缺課後時常從他處抄回筆記，最後他覺得太煩，說：「下一次你要付錢！」

在宿舍也遇到我敬重的舍友，例如葡籍唸文學的羅百龍（Ribeiro），他不但博學多才，而且極富幽默感，令我知道甚麼是「大智若愚」。那時我對《聖經》故事有些疑問，但見這位絕頂聰明、博學的大師兄也堅信不移，便想可能是自己智慧不足。後來他成為了一位耶穌會的神父，幾年前不幸去世，我們都覺得非常惋惜，籌集了一個以他命名的羅百龍神父紀念獎學金。

大學生在課餘時，普遍會做補習老師賺點零用錢，我也不例外。其中一個學生家中想換新電視，問我要不要舊電視，我說：「當然好！我家至今都未有電視，謝謝你了。」想不到這人棄我取的東西，到沙田竟成為附近鄰居的電影院，有幾位較熟的就不客氣入屋內坐着觀看，其他也在門窗外偷看。

有一位鄰居不需在窗外偷看，可以堂堂正正入來坐梳化看電視的，就是我的鄰居兼好朋友施祖祥，他家境不錯，但亦未有添置電視。祖祥是我小學、中學及大學的同窗，也是同一年入政府工作的同事，我離開政府之後，他一直官運亨通，退休前升到當時的事務司級別。他為人正直，熱心助人。在中英談判香港回歸期間，他也經常奔走北京，為達成《中英聯合聲明》貢獻良多。晚年不幸患病，但仍非常堅強，堅持出席舊同學的定期聚會，經過一輪奮鬥，可惜不敵病魔去世，我們一眾同學非常懷念。

同班同學還有心地善良的律師羅榮生、性情火爆的律師潘敬泰，還有笑面迎人但肯定內涵充實的乒乓球手李震明。這班好友都是我婚禮請來的伴郎。羅還引導我唸法律，他和潘的家境較好，住在斗室的我便毫不客氣經常造訪，兩位都有漂亮的妹妹，高三被請去舞會時，便是得到他們指導基本舞步。

大學那些年的課外活動非常豐富，首先是參加大專學生聯盟的台灣遊。這是我第一次坐船到海外，欣賞寶島的風情，包括樸素熱情的民風、美味的小食和新鮮的水果。由台北開始，沿途經過台中台南到高雄，博覽各地，觀賞漂亮風光，包括阿里山的風俗和舞蹈。每到一處必有當地的學生會安排節目，當時已感覺到台灣的大學比較注重科學和機械工程，不難想像到他們今日在高尖科技方面的成就。

我第一次到日本，也是以香港專上學生聯會代表團身份出席東京國際大學生會議，之後又有機會到訪日本其他地方，包括到北海道遊覽。同行的包括一位醫科學生，現在他已經是香港頂尖的腦科專家，我們在東京時也約略參觀當地的夜生活，我曾在新宿飲醉酒，要兩位未來醫生扶我回酒店。從東京北上的旅途也十分愉快，尤其是有韓國代表團的年青人表演唱歌跳舞，當時已知道韓國在表演訓練方面下過工夫，所以今天的韓國組合、電影和劇集有這樣成就，實在不是偶然。

AIESEC 香港支部

大學生活的第二年，不熱心上課的我卻喜歡搞學生活動，被推舉為經濟學會的主席。隨後又和同學創辦了國際經濟商管學生會（AIESEC）香港支部。

我是從高年班同學口中得知，國際上不少大學，尤其是歐美大學，組織了一個經濟及商科學生聯盟，主要活動是安排互相交換本科生到不同地方參與短期在職培訓。例如銀行、大企業及貿易公司，聽到之後我大感興趣，決定以香港大學經濟學會名義發起 AIESEC 香港支部，亦有邀請中文大學經濟學系參加。

AIESEC 學生交換計劃的條件，是先要在本地找到在職培訓的公司，並接受同等數量的外籍學生，在當年仍未屬發達社會的香港，這是一件很具挑戰性的事。一些同班同學冷淡地對我說：「如果有錢買機票，我不如直接旅遊，不會無償上班。」另一方面，要在本港大公司找到短期培訓職位，並且接受一個不認識的外籍學生也不容易。我單人匹馬走訪了多間銀行和企業，終於得到一間貿易公司首肯，接受一個來自美國的學生。這就是說，香港有一個機會派出一位學生到美國，得到的消息是在俄勒岡州波特蘭市的第一國民銀行（First National Bank）工作。我興高采烈地向經濟學會宣佈這個消息，得來的卻是負面反應：「去美國必然去三藩市或紐約，誰會去俄勒岡？俄勒岡在哪兒？」我終於「自食其果」，挺身而出，去做第一個交換學生。

時至今天，這計劃已發揚光大。最近我和現任的領導班子見面，才知道多年來 AIESEC 發展到已超過一萬名和來自世界各地的學生參與交換計劃。十年前他們邀請我出席一個舊生聚會，人頭湧湧，而且不少參加者已是香港商界的骨幹人物。

大學生活把我從「嚴謹」的天主教中學解放出來，展露愛玩的真面目之餘，但仍記着神父教導，不敢太放肆。新的經歷、新的刺激實在太多，在美國當交換生的幾個月也大開眼界，我要經過三藩市到波特蘭。三藩市對於我這個初出茅廬的小子來說非常吸引，永遠的藍天白雲、紅色的金門橋、熱鬧的漁人碼頭、整齊的小房子在道路兩旁，還有緩慢的纜車叮叮地經過。媽媽的兩家朋友陳家和伍家非常熱情地照顧，所有的遊客打卡點都去過了。畢業之後我也多次到訪，而且後來父母兄弟都已移民到美國，這也是他們落腳的地方。在貿發局工作時，我們在市中心的聯合廣場（Union Square）舉行了多次香港節，豎起一條彩色的巨龍代表東方，旁邊的百貨公司展銷港產的時裝和其他出口產品。

比起三藩市，波特蘭截然不同 —— 是個小鎮！我在當地的銀行當實習生，也在俄勒岡大學上暑期班，一切活動由當地學生會安排。當地華籍學生也相當活躍，他們集體租了一棟房子，門口寫着「痾尿缸俱樂部」（俄勒岡的廣東話諧音）。在這裏活動、開派對，我只在港大學過簡單舞步，但不用害怕，這裏跳的是貼面舞，根本不需要移動。

港大學生蘇澤光君
赴美接受銀行訓練
另有港大學生五人在國際經濟學生協會安排下往外地受訓

圖爲蘇澤光君近照。

1968 年 7 月 4 日《華僑日報》

在銀行當實習生的工作也相當輕鬆，開始時被派到電腦部學習寫電腦程式，後被派到分行，分行有一位同事對我照顧得無微不至，我已隱約覺得他有點太過熱情。後來一天晚上他請我吃飯，飯後遊車河到一處僻靜地點，他竟然嘗試擁抱我，我不得不直接地說，我還是比較喜歡女性。

做交換生期間，也遇到一次尷尬情況。到大學食堂自助午餐，吃完一轉，嘗試添食，一位來自香港的女學生見狀，憤慨地向我指出添食是違反規矩的，我向她道歉並介紹了自己，我們便成了朋友。在我離開波特蘭之前，她說：「看你不修邊幅的樣子很難找到女朋友，我在香港認識一位樣子長得不錯的，你想要介紹嗎？」回港後，通過她的介紹，我遇到了未來妻子葆齡，她在香港大學擔任植物學導師。

在美國之旅後，回到港大再過了一段精彩的大學生活。日間上課可以選擇性報到，不少同學像我一樣出去「搵食」，即是私家補習或教書，晚上活動頻頻。每次和堂友一起去西區吃宵夜後，都必須走一段陡峭的山路回去。我幻想着如果有一天此地架起一條電梯，讓我們可以不費吹灰之力回到山上，是多好的事。日間躺在宿舍床上，又發過一個愚公移山的白日夢：望着對面的崖壁，幻想如果這座山能被移走，香港大學就能獲得一個更大的校園。這些想法在我畢業後的三十年間一直伴隨着我，而這兩個夢想都因為我以後的工作而奇蹟般實現了：一個是港鐵香港大學站的升降機陣，一個是港大百周年校園的興建。

餘下的大學生涯，繼續我的「歡樂今宵」，這最終為我帶來了平庸的成績，但一如所料，這個學系是很難做到不能畢業。大學同學中亦有不少成為終生朋友，除了讀醫科的幾位已成大國手，如陳紀永、蘇繩祖；同班念經濟的 Daniel Souza，後來成為我在紐約分公司的最佳拍檔；劉漢強和劉偉傑都是信心十足「大聲夾惡」，畢業後都在怡和洋行任職，漢強專注保險業務，而偉傑及後出來創業。任職地鐵時，給了他一個好的提議，就是在奧運站天台設立高爾夫室外練習場。另一位成功的創業者是余志明，生意遍及貿易和製造業。

畢業後，追隨多數商科生的足印，向大銀行遞履歷，開始在花旗銀行擔任培訓生。又去報考政府的政務官崗位，這份工作很受人追捧，高薪厚職，每年只取錄幾人，而我有幸被錄取了。同年加入政府的，還包括關佩英、梁定邦和施祖祥。

回望整個大學階段，除了增長知識外，最大得益是在整個心態上有所轉變，更見成熟。不單腦筋大開，極度渴望吸收知識之餘，更打開心扉，大大擴闊了交誼層面。在參與了 AIESEC 交換學生計劃和各種國際會議之後，處事更是充滿信心，為日後的敢作敢為鋪路！

第四章

公務員

政務官合照（後排左四蘇澤光）

政務官素來大部分由英國人擔任，以牛津、劍橋畢業生居多，華人政務官只有三十來個，三圍枱「夠坐有突」。

部門的外國同事稱我「Chak」，漸漸地，他們紛紛叫我「Jack」；所以我的英文名「Jack So」不是粵語「着數」的翻譯，這十數年間有不少朋友將這個巧合引作笑談：「有人想搵 Jack So（搵着數）呀！」或是在飛機上叫一聲：「Hi Jack（英語劫持飛機之諧音）！」更令人虛驚一場。

第一樁工作就接着個燙手山芋。六、七十年代，許多越過邊境來港的難民，在山邊空地搭建木屋居住，這些貧民區內沒有衛生設備，也沒有供電。木屋區遍佈全港，尤以九龍、香港島為甚，範圍覆蓋黃大仙、觀塘、九龍仔、紅磡、九龍灣、何文田、香港仔、銅鑼灣、愛秩序村及柴灣，數之不盡。

我擔任徙置事務處遷拆部的主管，需要帶領下屬，計劃、登記和拆除各處木屋區。合格的登記居民將被安置到公共房屋，工廠和商店也被重新安置，農民也能夠獲得補償。這對於六、七十年代數萬名越過邊境的難民來說，是一個龐大的福利計劃，可惜我家人不是住木屋區。

徙置事務處當時的辦事處在尖沙咀中間道，現已改建為國際電信大廈，舊大廈當時已有至少七十年歷史。前門三層高，要上石級才能進入拱門，大廈設有相當寬敞的後門，後來才發覺前門有示威抗議的時候，後門特別有用，高層人員可以從後門逃之夭夭，而找個低級同事出去接收抗議信。

我的辦公室在地下一層走廊的末端，其時徙置事務處處長和副處長坐鎮在二樓，下一級就是三個主任，一個負責徙置區大廈管理，一個負責寮屋管理（俗稱寮仔部），而另外一個就是我，負責清拆組。這幾個位置原本都由英籍人士擔任，處長是區歲樂，而大廈管理部的主管是麥高樂，他後來升級至財政司。

當時二十來歲的我初入政府，覺得樣樣新鮮，上級和同事態度和藹，下屬也對我關懷備至，把工作的要求和程序向我詳細解釋，使我能輕易地在官場踏出第一步。這裏的環境和傢俬陳設雖然陳舊，但見到我平生的第一個秘書，除了能幹之外，也相當漂亮，為我引來幾位平時少見的朋友。其中一位隔日便出現，起初還裝作有事和我商量，之後便直接招呼也不打，到最後他迎娶了秘書時，我才如夢初醒！

登記及清拆木屋區

六十年代末，廉政公署尚未成立，徙置事務處的工作也帶來賄賂和恐嚇。有些人企圖賄賂職員，以冀跳過輪候隊伍；有些人則會以言語或行為威脅。有一次要處理沙田的一批寮屋，位置就在我家附近，母親在那裏買菜，認識附近的居民。有警員勸告我，不論恐嚇是真是假，最好暫時不要回家，避避風頭，於是我住在同事的員工宿舍裏，在沙發上睡了兩個星期，直到清拆工作結束。

徙置區居民

上／　觀塘寮屋區
下／　山谷道木屋區

單是登記木屋區住戶這一項工作，已極具挑戰。同事用白漆在寮屋門欄塗上編碼，清楚登記屋內居住人數，間中晚上突擊檢查，檢查居住人數是否正確。由於登記後可取得「白卡」安排上樓，一些不法之徒收到消息某處即將清拆，便會引誘新移民快快前往搭屋；也有專門騙錢的，聽到政府會賠償被清拆的木屋，就特意去搭一間。有人臨時在田裏插上兩支人參，登記時要求更多的賠償；又有人在登記後折返，稱一家五口的資料寫錯了，應該是七口；還有不少決不搬走。

登記這一環，卻又比不上動手清拆難度高。到清拆當日，大多收了補償、領了白卡的住戶都已遷走，但每一次必定有釘子戶頑抗，場面有如沙場對壘：這邊是我們的同事，對面是抗議的人，他們拿着斧頭，更甚者持刀揮舞，又有裝着糞尿的罐子，氣氛僵持不下。警察則佈防在兩旁，通常不到緊張關頭，不會出手，以免令局面升溫。

無了期的「你眼望我眼」也不是辦法，總得要開始行動。我們會先派談判專家勸說釘子戶，既已安置又收了賠償，便不要再阻礙清拆。談了半天如仍然談不攏，同事的方陣便派上用場。拿着拆屋的工具，對面是一羣大叫大罵的抗議者，記者在監視着。時機一到，我要在電光火石間作決定，下令清拆隊進場。要是抗議者一動手，有身體接觸，警察便會出手制服，終究還是可以成功清拆的。

在清拆組工作還有不少風險，曾經有人在報紙裏藏刀，進入我的寫字樓，最後秘書喚保安來，將他挾走；亦不時有大堆人羣圍着總部抗議，我們只好從後門溜去吃中午飯。這項工作持續了三年，清理了大片土地，都已發展成為都市的一部分，並讓成千上萬的人入住公共房屋，衛生、供水和用電條件大大改善，庇育了不少香港未來的人才。

事隔數十年，我經過昔日進行遷拆工作的地方，也會記起當時的情景。最近一次，我駕車送美國回來度假的弟弟回酒店，經過旺角晏架街，弟弟說我不可能認識這條街，我立即告訴他：「怎會不知道，我在這裏拆過屋！」

登記九龍城寨寮屋

在徙置處清拆組最具挑戰的工作，莫過於清拆及登記東頭村和九龍城寨。這個位於九龍城東頭村道聯合道交界，一個「三不管」的地方，裏面都是非法搭建的寮屋，沒有市政衛生設施，電綫亂七八糟地掛在屋頂。多個政府部門也很少巡邏，九龍城寨存在着黃賭毒等各種非法勾當。

在廉政公署成立之前，這裏也是黑錢收入來源之一。清拆組已有計劃清理這個地方，多次企圖進入區內登記住戶，並在寮屋編上號碼，但這樣簡單的工作也不容易進行，因為內有凶神惡煞的大佬，而且同事都知道如果寮屋屋頂有一個雞籠，就是說這是受保護的，下面可能是賭檔、毒檔或黃色場所。話雖如此，城寨裏面也有正當人家居住，也有宗教福利團體，勸人為善。

九龍城寨和附近的東頭村曾被多次局部清除非法潛建，但要等到多年後的 1987 年，港英政府終於弄清楚這地方的管治

2024 年電影《九龍城寨之圍城》搭景

權，決心剷除這污點，清拆所有寮屋，把居民安頓在公共房屋，現該處已變成了市民休憩的公園。

民政主任

作為年青一輩政務官，我恭敬長輩，李福逑、徐家祥都是我的偶像！華人同事互相扶持。六七年香港的一系列政治事件，社會累積多年的不滿以及反對殖民管治的思潮，引發全港性工潮，對香港的政治及社會影響深遠。港英政府改變策略，開始注重民意，成立了十八區的民政處，而民政主任多是委派本地政務官擔任。我完成遷拆組工作後，在 1970 年底被委派到觀塘區當民政主任。

當年沒有民選制度，所謂民意代表就是街坊會、同鄉會等，這些代表的質素參差，其中有些甚至經營的生意也不透明。一次港督到來巡區，我陪伴出席社團酒會，在車上我對他說：「有一位主席背景可疑！不要太過親近，以避免被利用。」他卻對我說：「我們不能只是接受聖人，未定罪前都要視他為民意代表，恭敬對待。」我就此上了第一堂政治課。作為年青的公務員，我們亦有機會和高級政府官員午膳，其中一位身材肥胖和極為好酒的高官進餐前，已喝了多杯，整個午膳就只說了幾句，「你做得好，你也做得好，每人都做得好好。」之後就不知所終，原來是回房午睡。

觀塘民政處設在裕民坊街口的政府合署，為了方便上班，我在裕民坊租了一個小單位自住，直至有一次自己煲水時不小心睡着了，差點釀成火災，唯有乖乖地搬回家。民政處大概有十多位同事，都是年青人，其中最出色的一位是李麗娟，她聰明能幹，辦事投入，當時已覺得她一定前途無限，後來終於成為民政署署長。她處處表現出對弱勢社羣的愛心，特別是在自然災難波及小朋友時表露無遺，所以贏得「公眾媽打」（母親英文「mother」諧音）的美譽。另外一位不是在觀塘民政署，而是在旺角民政署非常突出的女同事叫劉淑儀。她言之有物，年紀比我小很多，但已盡顯辦事能力，她一直是政府及議會的中流砥柱，亦是現任行政會議召集人。

在觀塘的工作亦包括清拆貧民區，並為大量臨時安置區的居民安排上樓，即是搬入公共屋邨。我對這種工作技巧純熟，但要處理的個案仍不少。觀塘當時是個新區，以公共屋邨居多，居民一般生活條件不高，另一邊是工廠區，包括製衣、塑膠、五金等行業。海旁有一個旅遊點鯉魚門，海鮮酒家林立，但因為是貧民區，眾多教會和慈善團體都在這裏設立教堂、學校、醫療中心等，是當時的一股不可或缺的行善力量。

其時民政署並沒有明確定位，名義上是代表政府聯絡當區各界，並統籌政府各項服務，但並不凌駕他們之上，這種模糊定位在一次我被邀請到觀塘警署午膳時表露無遺。我和主管亨達警司早已在負責寮屋清拆的時候認識，那天我滿心歡喜到達警署食堂時，亨達在門口給我一個禮貌式的敬禮，在場的警官都為之諤然。我靈敏的耳朵已聽到有人說：「呢條友係邊個（這是誰）？」

秀茂坪山泥傾瀉

1972 年 6 月中旬，香港遭受連場大雨，在 18 日引發秀茂坪大幅山泥倒塌，釀成近百人死傷。作為民政主任，我要統籌政府救援工作，包括警務、消防、醫療及福利，亦要應付傳媒追問。在這次事件中，有四十八小時沒有睡眠，但能夠參與統籌救災行動，帶領政府團隊一起克服困難，令我感觸良多。這讓我初次感覺到這份工作不只是跟地區人士應酬交際，還能發揮影響力，對社區有所貢獻，當時參加緊急會議的包括政府和民間代表，政府指定由民政處統籌，現在看來這或許就是今日區議會的雛形。

儘管身負不少壓力和任務，包括清理貧民區、追求未來妻

秀茂坪山泥傾瀉

子等，我仍開始修讀法律課程，不想晚上回家閒着，希望善用時間考取專業牌照。加上政府有很多關於法律的議題，如果略懂法律，至少不會「蝕底」，這也受中學同學羅榮生和同期入政府的梁定邦影響，我跟他們一樣修讀法律課程，並且順利通過專業考試。不過最終得出結論，律師這份工作涉及太多繁瑣的細節，不適合我的性格。

經過七年公務員生涯，我升了級，並獲得了一次到英國劍橋大學學習的機會。

第五章

劍橋進修

我和葆齡相識兩年後，在九龍塘一座古樸的小教堂結婚。蜜月正好是我到英國的學習之旅，而她也被錄取進一個研究生項目，可帶着新婚妻子一起去劍橋。

我們和兩位來自香港的同學何文匯及羅榮生坐上一輛裝滿行李的新車，開進城裏，難免有多少少年得志。但當時心中已有意轉職，不想一生只做一份工作。函授律師課程考試已通過大部分，只剩下一科會計要到倫敦投考，而劍橋設有補習班。

入讀劍橋也非必然，那年頭赴英深造的政務官，幾乎都派去牛津大學。全因之前該處有一名當地「地膽」專門接待，起居飲食、出行學習都照顧周到。一班香港官員自成一角，由大學派人前來授課。我卻希望投入當地校園生活，因此成了第一位選劍橋的政務官，並修讀經濟學文憑課程，跟一般學生一起上課，後來也有好幾位師弟師妹，跟隨了這條路。

劍橋大學

劍橋環境漂亮，生活寫意，真正感受到徐志摩在撐扁舟的情景，小河穿過宏偉的國王學院、三一學院及歎息橋等。當年英國菜式並不可口，幸好有太太做中國菜，英國人不懂得吃豬骨、雞腳，於是給太太免費拿來煲湯；亦有一兩間味道尚可的中菜館，間中和香港同學去光顧。

劍橋是教育之都，學術氣氛濃厚，舉目遍野都是世界頂尖的專家，如學院的數學教授史提芬．霍金，他在《時間簡史》中對創世記的見解不無道理，他雖不相信有天堂，但亦解釋不了在宇宙大爆炸之前到底發生過甚麼。

大學有三十多所舍堂，是宿舍，也是活動中心。據聞起初

與太太在康河泛舟

由僧侶在不同地點向學子教授各類科目，後來大學設立了標準考試來評定這些學生的水平和頒授學位，僧侶的授課地點便蓋成了一間間堂舍，所以都取了聖名為聖約翰、聖三一等，當中最漂亮的堂舍卻是國王學院，宏偉的建築是個教堂，前面有大片綠油油的草地，再往前就是優雅的小河，聞說大詩人徐志摩就是被這環境感動寫出那〈我所知道的康橋〉散文，現在已聞名整個中國，是吸引中國學子負笈劍橋的最大動力之一。國王學院有見及此，便開始實行參觀收費，以及設立了徐志摩紀念碑作為打卡熱點。

我被編排在一間較小的堂舍叫胡佛遜，和太太只在這裏住了短短幾個月，其他時候都是在外邊租房。我們在不同的地點上課，我是經濟系，她是科學系，在堂舍要跟足規矩，穿着學袍吃晚飯，每月的高桌晚宴要在拉丁文的禱文後，才能坐下，吃的是典型英國食物，能填飽肚子已覺得滿足。

在劍橋進修，與在香港大學一樣，學生可自由選擇上課與否，但想不到這裏啟發了我對經濟學的興趣，課上接觸到不少經濟學大師，開始後悔之前在港大沒有好好學習。與此同時，我最後的一科律師考試，也得到不錯的成績。

劍橋的學術氣氛十分濃厚，平日拿着課程表，看到感興趣的課堂都可去旁聽，當中最有名的學者之一是李約瑟。他在學術著作《中國之科學與文明》裏提出「中國古代科學遠超西方，不久將來必定再震驚世界」，啟發學術界重視中國文明的眼界。

劍橋只有三兩個中國人，彼此認識，其中一個是新鴻基地產的三子郭炳聯，他比我小上幾歲，正在攻讀法學本科，我們認識日久，不時一起吃飯。後來透過郭炳聯這位好友，迎來事業上第一次大轉機，待後文詳敘。

律師考試

為了準備律師考試，我要到格頓學院補習。晚上在這個堂舍自修，這堂舍的亮點是擁有一副從埃及運回來的木乃伊，因為我要求寧靜環境，所以被安排到一間最寧靜但與棺材為鄰的房間。

說到律師考試，不能不說在倫敦的考試場地，原來是一個足球場般大的室內運動場，叫亞歷山德拉宮。時值寒冬，只有兩三度，而據聞裏面的暖爐寥寥可數，友人提醒要穿足厚衣服，並帶上數個暖袋才能渡過難關。到了試場，出乎所料，我有幸坐在火爐旁邊，一下子熱得把衣服和暖袋都脫了。另外一個騷擾卻是頭頂鴉雀亂飛，不時有排泄物降臨考試卷上，才明白為何友人早有笑話說這個考試，自然有人「提你加標點符號」。

這時和郭炳聯相當熟絡，他也有一兩次到訪寒舍食「家庭餸」和飲老火湯。他為人隨和，沒有富二代架子，做事認真、對朋友熱情，他和未來的太太也是唸法律。還記得我離開英國之前和他在倫敦海德公園告別，談起香港當時經濟不大理想，我們互相鼓勵，肯定香港必能再創高峰，今天看來又是一個循環。

社交方面，我和太太閒餘時就去參加英國人的社交聚會，穿上長袍赴高桌晚宴。某星期日大學教授請學生到家中聚餐，一邊品紅酒、芝士，一邊高談闊論；晚宴之前我們站到腰酸背痛也未曾上菜。到菜品被端來，驚喜的發現是一大塊肉卷，豈料薄薄的切下幾片後，又將肉卷放回冰箱，留作他家裏下個禮拜之食用。

倫敦第一印象

回想第一次到倫敦，好朋友梁定邦來接我，他正在攻讀法律。身材魁梧，駕着最細小的 Mini Cooper；他生性文靜，但開車時絕對達到生死時速。深夜時分，只花了半小時便帶我看完白金漢宮、國會大樓、海德公園等地標，然後往一種英國人叫 B&B (Bed and Breakfast) 的簡陋旅館住宿。冬日的英國非常寒冷，旅館雖有暖氣供應，但住客要每兩小時入銅板付費，才能繼續供暖。到晨早四點，梁定邦告訴我硬幣都已用完了，我們唯有套上所有衣服，把桌上的報紙也蓋上取暖，依然瑟瑟發抖。這是我對倫敦的第一個印象。

及後我的股票經紀年代，公司在倫敦開設分行；擔任地鐵主席時，亦開始計劃在倫敦興建新綫，可說接觸過各階層的英國人，感覺他們私底下階級觀念很強，從倫敦辦事處的幾個同事的業績已清晰可見。擔任交易員和推廣的 Andrew ，是一位爵士的兒子，從伊頓公學、牛津大學畢業，樣貌俊朗，與城中富豪、基金經理和銀行家熟稔，每天早上只要幾個電話，便獲得訂單。擔任會計和出納的另一位英國人 Paul ，也是大學畢業，只非牛劍出身，口音也不是被視作標準英語的 Queen' s English 。他幹的活顯然比較平淡沒趣，而他也知道安分守己。我作為外來人的好處，就是不須被納入這樣的社會分層之中。Andrew 偶爾請我到他家中參加小型酒會，高朋滿座，在座的都是高調的紳士和淑女，言之有物；我作為 Andrew 的上司，亦覺得非常自然。

我和太太在劍橋讀書，很多時週末駕車去倫敦吃飯逛街；有時會住在何文匯的家裏，他和太太梁鳳儀都非常好客。當年在唸博士，今日已成為香港的文學大師和易經專家。

倫敦是個不可以靜下來的地方。放工後，英國人喜歡把酒談歡，再共進晚餐。雖然英國食品淡然無味，但環境和服務一流，還有世界上最豐富的文藝節目，包括話劇、音樂及各種舞蹈表演。許多歷久不衰的戲劇瑰寶，例如《窈窕淑女》、《仙樂飄飄處處聞》和《歌劇魅影》等都源自英國，繼而走向世界。對我而言，英國的另一個吸引之處，就是擁有漂亮的高爾夫球場，畢竟蘇格蘭是高爾夫球的發源地。他們還喜歡騎馬狩獵，但我對騎馬和射槍沒有很大興趣；英國人熱衷的足球，也影響到全世界。

赴英進修後，按規定要在政府多工作三年，及後我在政府又做了兩份工作。

廉政公署

1974 年，廉政公署（ICAC）剛剛成立，獲港督麥理浩委任的總督特派廉政專員姬達爵士着手挑選幾個政務主任參加。之前我已認識姬達爵士，當時他到港大介紹香港貿易發展局的工作，我對這題目很有興趣，發問最多，他對我印象不錯。此後我們一直保持聯絡，後來他成立了廉署，便邀請我加入。

在那年代，加入廉政公署是受人鄙視的。現在看來可能有些難理解，但當時的香港，「洗黑錢」是一種生活方式，打擊腐敗等於斷人米糧。請消防開水喉救火，是「有水放水，冇水散水」的景象，住醫院找清潔工倒痰罐又要收錢；黃賭毒都有人包庇，警察不收錢反而被排擠；報館有「收利是，不然就『寫衰』你」的「行規」。

當年有個說法，參加肅貪工作就會被「斷六親」，親戚朋友都與你斷絕來往，不想被牽連。有評論甚至說杜絕貪污，特別是行賄是不近人情，「難道過時過節畀封利是都犯法？」雖然法例已經清楚列明有關禮物的定義。商界也對肅貪倡廉很有戒心，認為捉貪官可以，卻不應禍及商人，因為行賄、收回佣在他們眼中都是可以接受的行規。

我卻對姬達的使命深信不移，更敬佩他的勇氣，尤其在於他鐵面無私、毫不手軟地逮捕自己的同胞 —— 腐敗的英國警員。大學教育令我意識到做人應該有尊嚴，要珍惜並且小心翼翼地維護自己的聲譽。我深信肅貪是香港發展的必經之路，一個貪污的社會是不會進步的，遑論要發展成為國際都會。

在移風易俗的過程中，「捉葛柏」是重要一步。大家都知道葛柏是個大貪官，但礙於他是英國人警司，一直沒有人敢動手，直至廉署成立，才能排除各方壓力把他繩之以法。後來又通緝了貪污的華探長，整個社會風氣就開始起變化。

在廉署期間，我擔任姬達的處長助理，多個範疇均有涉獵。其中一個主要的工作是宣揚廉政「反貪污」，包括參與各種會議向公眾解說，也會拍攝宣傳片或片集，因而認識了影視界的同事包括黃華祺、許鞍華等，現時皆為著名的導演。我在離職後也繼續和廉署保持關係，後來被邀請加入諮詢委員會六年之久。最大的感受是每次開會前皆要閱讀厚厚的文件，內容是被調查的案件內容和進度，當然亦會看到一些熟悉的名字，但要嚴格保密，有口難言；從中可以看到廉署的工作認真和慎密，逐漸得到廣大社會的認同。

大埔理民府

在廉署工作後，擔任了六個月的理民府，負責管理新界的村莊和小鎮，這是我政務官生涯最後一份工作。1982 年前，新界鄉村事務包括土地行政，居民興建鄉村屋宇、土地使用許可權等事，都由新界理民府負責，所以經常有下屬催促我為他們的「客戶」批准這個那個，要我和某某人士吃飯飲酒。

一次，早上回到辦公室，一隻手錶莫名其妙的出現在案頭上，看樣子應該價值不菲，我立即讓人退回去。此後各種誘惑繼續以不同方式、在不同的時間出現在眼前，都一律打發走。

對於這些人情陋規的事，我變得異常警覺。在往後的多份公職，別人總想從我這裏獲得好處：由土地開發、營業執照，到學校名額等，無一例外，我則一直謹守做人應有的立身之本，終生受用。

擔任理民府主管時的最大樂趣，是穿上獵裝，駕着吉普車在區內巡視，察看違規行為，這讓某些員工十分擔心。有次巡到上水某處，發覺該官地已成為遊樂園或收費燒烤場，我感到奇怪，於是問隨行的同事：「他們有領牌嗎？包括娛樂場所牌的任何一個牌照。」他說我們已發出短期改變土地用途的批准。我繼續追問：「那麼准許證是何時發出的？」原來已過期一年，只好慌忙回應：「場地正在考慮再申請。」另外我們又巡到一處私人住宅的後山坡，該處已被完全改建為私人花園，我覺得有可疑於是又問：「此處是官地嗎？」另一位隨員立即回答：「是官地，不過我們沒有計劃發展。」

三道支柱

我在政府工作差不多九個年頭，整個公職生涯為我立下三道支柱，支持着我能行得更遠。

第一，熟知政府的運作模式，知道凡事都應有程序，不可以亂了規矩。第二，認識到一班能幹的公務員同事，在私人機構工作時，他們在政府擔任更重要的職位，方便溝通協調。第三，是在廉政公署工作時產生的一種心態，目睹不少人貪小失大，看在眼裏，還是認為「小心駛得萬年船」。

當過公務員便愛上了做對社會有貢獻的工作，在那幾個年頭，實在做到了兩件為香港移風易俗的事，一是在徙置處清拆環境甚差，而且非法僭建的木屋區，並將居民搬遷到條件相當不錯的新大廈。今天香港約五成居民是住在政府資助的房屋，這是一個非常龐大而有效的福利計劃，騰出來的土地建造了不少新的社區，完全改變了城市的面貌；第二件事就是廉政公署的成功，令香港變成一個廉潔守法的社會，沒有這個轉變，香港不會成為今日的國際金融中心、航運中心和貿易中心，看到今天的繁榮，而想起當年有機會參與這大時代的變遷，頓覺非常榮幸。

那時候太太已經給我兩個可愛的女兒，所以在週末，有時也會開着吉普車直達大嶼山寶蓮寺，與妻子女兒享受快樂的時光。年青時總覺得要事業為重，或許忽略了家庭，也忽略了自己，雖然獲得的機會不少，但今天回看，總覺得在過往的日子裏，沒有好好陪父母和家人，沒有好好注意自己的健康，若有所失。

Hotpoint

第二部分

八十至九十年代

第六章

進入華爾街

從劍橋回港後，發生了一段小插曲，影響了我一生。我在香港參加郭炳聯的婚禮，因事耽誤了時間，唯有坐到最後一排。股票大王馮景禧也遲到了，於是我們碰巧坐到一起。

婚禮儀式以英語進行，我一邊向他解釋儀式，一邊與他閒談。不一會兒，他索性不要解釋了，饒有興致地問我：「你這麼年輕就做官實在是太舒服了。」他彷彿沒有尊重我自以為高官的職位，但我仍保持謙虛，答道：「始終是一份工作。」他笑了，說：「後生仔應該去做生意，多接觸外面世界。」隨即向我分享他的鴻圖大計。

當時炒股票是有錢人的玩意，馮先生想將證券買賣在香港普及化：計劃在全港開證券行，每間分行的窗口都擺個電視，打出股票價錢。所以這樣的設置又叫做「金魚缸」，人們更可以

新鴻基證券香港證券營業中心

金魚缸

即時在分行落單買賣。我當時缺乏商場經驗，又是後輩，所以只是靜靜聆聽，沒有太多心思。不過，往後的發展就證明，他的大計最終實現了。

婚禮完結後，我送他乘勞斯萊斯離開，我以為交流就此結束。

幾天後，一位早一屆的大學同學聯絡我，說馮先生想在歷山大廈的辦公室會見我。這次見面之後又約了第二次，第二次見面時，我們談了一小時左右，他就邀請我加入他領導的證券公司。

馮老闆打開話匣，「你今年才三十歲，前途甚好，我只是提議你考慮一下應如何計劃下一個三十年。是否繼續留在政府？會否想嘗試商業機構的工作，學習如何經營一盤生意？怎樣滿足顧客？如何賺錢？」我回答說：「多謝馮生的好意，但我完全沒有商場經驗。」他說：「證券金融這個行業的確有不少專業知識要學習，但以你的資歷應該不難駕馭，而且我需要像你一般的人才來實現我的兩個願景。」

兩個宏願

那時馮先生將他大計的一角展露給我：「我要將華爾街帶到大街上（Bring Wall Street to the main street）。」這個將證券交易普及化的概念，令我很想追隨他的腳步，看香港股票市場會如何拔地而起。加上他的第二個目標：「把香港股票推向世界，特別是推向倫敦和紐約兩個金融中心。」這個在當時來說天馬行空 —— 但是很重要和遠大的目標，擊中我的心坎。

棄官從商，投入未知的將來，於我和家人都是一個巨大的轉變。一些親戚朋友聽見我放下好好的政務官不做，跑去當一個經紀，都覺得不可思議。當時他們視股票經紀為一份相當低級的工作。太太尊重我的決定，只是擔心會失去政府的退休金。我的父母和弟妹當時已經搬到美國，他們毫無保留地支持我所做的決定。於是，我事業的帆船從平靜的海域駛入波譎雲詭的商場之中。

我也曾經問過自己，是否滿足於一份工作做一輩子，直至退休？結論是我喜歡冒險，世界無邊無際，應該在事業上闖一闖，既然機會臨到，也是時候離開安舒區，踏入一個截然不同的行業，見識外面五光十色、有贏有輸的世界。

加盟新鴻基證券之後，正應了馮先生所說：「努力工作，玩得盡興，因為死後有足夠的時間讓你休息。」轉工後，我的工作時間不再是「朝九晚五」，而是全天候二十四小時，週末也需要隨時候命，甚至很多時要在遊艇上招待客戶。

上任後仔細觀察馮先生在歷山大廈的新證辦公室，才發覺私人企業的不同。政府辦公室是硬橋硬馬的木傢俬，這邊有我從未坐過的柔軟真皮梳化，所有裝潢擺設都非常講究。偌大的窗口對着 180 度的全海景，馮先生露出慈祥的笑容，對我說：「新鴻基的名字是我和郭得勝、李兆基每人取一字組成。」更講笑說：「SHK 這個嘜頭，一面是香港，另一面是九龍，中間的 S 就是維多利亞港。」我的目光又不禁被室內的大金魚缸吸引，缸內盡是名貴的熱帶魚，馮先生喜歡說笑：「這些就是我們公司的流動資產。」幾句說話，我已覺得他平易近人，富有幽默感。命運就是如此，我在退休前擔任機管局主席時的辦公室，正正

與馮景禧合影

是歷山大廈當時新鴻基證券的同一層，不過已沒有海景，沒有豪華梳化，更沒有大金魚缸。

馮先生和我一樣，也是早年由廣州來香港。他雖只有小學程度，不諳英語，但衣着合時，不沾煙酒，愛好游泳；身材清瘦，看上去風度翩翩。他頭腦轉數快，「數口」也精，更愛看書，英文書就請人翻譯，所以能天下古今無所不談，而且有幽默感。馮先生精力充沛，我在他身上學到的事，除了業務技能外，就是做事認真，對人誠懇，雖是大老闆，卻很少發脾氣。有時和他出外公幹，我偶然會較為大聲催促服務員。他反而勸道：「唔好咁忟憎（煩躁）。」他愛說：「我只讀完小學，你大學畢業，所以適合替我打工。」

他的發達史是和郭得勝、李兆基 —— 人稱「三劍俠」組成新鴻基地產事業，而且公司開創分層出售的先河。在生意成功，公司壯大後，三人決定分途發展，各奔前程，郭成立了新鴻基地產，李經營恒基兆業，而馮老闆就開辦了新鴻基證券，1983 年在交易所上市。當時除了美林證券外的所有大型華爾街投資銀行尚未來港發展，新證是本地最大的券商。所有大手交易，包括收購、合併和上市等大多有份參與，儼然一間投資銀行。

當年新證大將如雲，包括葉黎成、劉壬泉、馮家彬和陳敬達都是傑出的才俊，可以說是香港第一代的股票經紀，大手的股票買賣、公司上市收購合併等不少是經過他們的處理。

主席助理

我在 1977 年加入新鴻基證券，直至 1985 年離開公司，在公司九年光陰，最初的兩年，我擔任主席助理和翻譯員。馮先生見我大學畢業，又做過公務員，和外國人談判的時候讓我充當翻譯。我不得不迅速瞭解股票經紀的行話：市盈率、孳息率、資產淨值和期權等，還得在中英雙語之間轉換自如。

回想起來，我作為助理時亦難免有失禮的場合，例如一次不懂得如何翻譯「息率倒掛」，就自己亂編，聽到外國人一頭霧水。又例如一次在東京對一羣日本銀行家、投資者介紹香港經濟環境，到發問環節，一位參加者舉手：「中國正進行改革開放，請問社會主義如何容納市場經濟？」我翻譯問題後，全場屏息靜氣，渴望聽到大師的解釋。等了良久，馮生還未發聲，聽眾都以為是在醞釀精闢的見解。三分鐘過去，馮先生在我耳邊說了些話，我不得不翻譯，就是：「馮先生要去廁所。」在座的都大失所望。

尷尬情況着實不少，不時露出土氣一面。初次跟老闆在意大利和銀行界吃午飯，看了餐牌點了菜，我卻被魚子醬吸引了，一直只聞「caviar」其名卻從未吃過，我剛說出口，便被旁邊的同事瞪了一眼：「這個是生意午餐，不要叫魚子醬。」由政府工轉投財經市場，五光十色，個個講紳士、講音樂、講歌劇、講紅酒，我不得已要快速補上這些知識。

過了一段時間，馮先生似乎認可了我的能力，開始讓我代表出席董事會。他是無綫電視的第二大股東，所以我也「被委任」為電視台的董事。

當無綫董事的幾年，甚少和前綫人員包括演員等接觸，其中一次是當年的總經理陳慶祥約了我在電視台的餐廳吃晚飯，忽然出現帥哥美女各一，介紹之後才知道，他們分別是當時炙手可熱的新星劉德華和趙雅芝。這是一般人夢寐以求的機會，我卻找不到甚麼共同話題可談，只問了兩句：「目前你拍幾組劇啊？」之後就專心食飯，也沒拍照留念。也有一兩次影視界人士邀請我參加他們的聚會，一問之下，原來這些聚會通常是晚上十一點半才開始。香港麗晶酒店的咖啡廳是當時影視界的名人集中地，我到過一次聚會，堅持到凌晨一點已吃不消，更加沒法融入他們興高采烈的傾談。

與影視界再有近距離接觸的年代，已是 2007 年成立香港電影發展局和政府注資電影發展基金時。當時基金投資了多齣本港電影，我也有幸帶隊參加康城影展和威尼斯電影節，有不少機會和鼎鼎大名的明星，不論是本港的、內地的、歐美的，一起觀影和赴宴。這部分的趣事稍後再敘。

馮先生是老闆也是良師益友，他喜歡我在美國的兩位弟弟，多次到三藩市都找四弟，到洛杉磯也會找三弟吃飯聊天；而我也和他的兩位公子永發和永祥是很的好朋友。到馮先生去世之後，這兩位年青人各有發展，永發在溫哥華已成大亨，擁有當地其中一間最大的商場時代坊（Aberdeen Centre）、電視台及電台，永祥除了繼續香港的業務外，亦在澳洲發展了農業和畜牧業，繁殖了幾百匹良駒，在不少國際比賽中獲獎，匹匹價值不菲。

我與新鴻基地產創辦人郭得勝先生的三子郭炳聯在劍橋是先後同學，郭老先生到三藩市也會找四弟見面。而他的大公子郭炳湘結婚時，我們也是被請之列，出席教堂儀式及晚上在三藩市華埠皇后酒樓的婚宴。

說起三藩市，我也在此結識到信和集團的創辦人黃廷方先生。那時候馮先生已是美林的單一最大股東，美林旗下有地產公司，新加坡籍的黃廷方先生表示有興趣了解加州地產。我作為小廝便要安排行程，從三藩市沿着 101 號美國國道看周邊地盤；有次租不到七人車，我還要親自駕駛一部二十座的小巴，載着加起來幾千億身家的幾位大亨奔馳在公路上，現在想起也覺得膽大包天。看過加州的地盤後，之後黃先生只說了一句：「還是香港好。」

他對香港的信心也傳給了下一代，信和集團現任主席是他兒子黃志祥（Robert），是出名的「地產超級大好友」，凡香港經濟出現低潮，他便出手買地，展現信心之餘，最後更能賺大錢。在 1989 年北京春夏之交的風波之後，香港經濟一落千丈，我當時在貿發局工作，便和他在香格里拉酒店吃悶飯想辦法，終於決定要組織代表團往各地宣揚香港作為中國市場的門戶。

Robert 是新加坡人，我的外祖父也是新加坡人，他愛上了香港，以香港為家，他先問：「現在中國內地和香港都被西方經濟圍堵，我們應如何打破這個僵局？你在貿發局工作多年，在國際上建立了不少商業關係，如何利用這些關係突圍而出，令香港再次發揮功能？」我說：「我和同事也日夜研究辦法，初步的計劃是由淺入深，由近及遠地在國際舞台上重新恢復友誼，先不要去西方的首腦美國，改去一些敵意較少的國家，例如亞太區及西歐。而且今次我們不能單是推廣香港，必定要重點介紹通過香港的門戶進入龐大的中國市場。」

Robert 同意了，並自願參加這一輪恢復國際關係的推廣活動，他以新加坡人的身份來談論香港的功能，更有說服力。首站是日本，還請了當時深圳市副市長李廣鎮，向幾百位東京的商界領袖介紹香港是中國內地的大門，反應非常熱烈，及後貿發局亦在歐美各大城市舉辦同樣的推廣活動。

馮先生的生意遍及東南亞，我還可以高攀幾位當地的政商名流，其中一位是泰國盤谷銀行主席陳弼臣先生，當時他已年屆八十，但仍充滿活力，時常談笑風生。到香港他不上舞廳，卻要去的士高，這個香港七十年代的玩意，在八十年代已式微。一番波折，終於找到在現已拆卸的香港凱悅酒店（現尖沙咀國際廣場）頂樓，還有一間「Polaris」的士高。當晚跳得興高采烈，附近的年青男女都覺得這老人家非常可愛。

最近我跟特首李家超到泰國曼谷開會時，在一晚宴的桌上，向當地文化部長提起這事，陳老先生的兒子是現任盤谷銀行主席，他記得此事，但席上有人不相信凱悅酒店有的士高。幸好在場的保安局局長鄧炳強當時在警察部任職，他親自確認該處曾有的士高。

首次年初二放煙花

在新證的年代還有一次特別的經歷，公司決定要在農曆年初二為全香港市民放煙花慶祝，是個前所未有的創舉，我便要想辦法聯絡相關部門。得到政府批准之後，我們毫不認識這門技術，需要諮詢專業的公司，希望得到最好的效果。這次的維港煙花匯演，要配合音樂廣播，要把數隻躉船放在海中心，由電腦控制煙花發放和音樂的節奏，一番努力後掌握了整套運作程序，奠定今天維港年初二賀歲煙花匯演的基礎。而我的助手梁小姐，後來更以這個「絕技」成立了她的公關公司，協助此後贊助新年煙花匯演的公司。

火樹銀花耀香江

——（上）乙丑年賀歲烟花匯演，在夜色迷人的維多利亞港上空綻放，高空出現了森林遍地奇景。（下）五彩繽紛的烟花，照耀海港。（本報記者攝）

新鴻基集團主辦市政局協辦

五千枚烟花賀歲

市民新春添歡樂

低空煙花幻彩繽紛變化多嘆爲觀止

不怕寒風吹百萬市民海港兩岸觀賞

今年烟花匯演，烟花機師來自世界各地，其中主要是美國、中國，而十五位來自美國的烟花專家更專程抵港負責一切安裝燃放工作。

過往的烟花匯演，烟花甚少低水平無烟烟花，因爲成本較貴，但今年主辦機構爲使是次烟花匯演更新穎和燦爛，決定購買低水平烟花，一新市民的耳目，用變化多端，嘆爲觀止來形容今年賀歲烟花匯演極爲恰當，昨晚八時開始，市民在雄偉的音樂聲下，欣賞萬千烟花的耀目色彩，且款式比過往三年的賀歲烟花更新穎和燦爛，令農曆的新春[illegible]

1985 年 2 月 22 日《華僑日報》

1985 年 2 月 21 日，大年初二，當一切準備就緒，超過一百萬市民在維港兩岸等待煙花匯演，下午卻開始起霧，到晚上霧越來越濃，更開始有微雨。五彩繽紛的煙花，射到上空已被濃煙遮蓋，但無礙兩岸市民賞煙花的興致，翌日報章更以「低空煙花幻彩繽紛變化多歎為觀止 不怕寒風吹百萬市民海港兩岸觀賞」為副標題報道盛況。

倫敦辦事處

馮先生要實現港股國際化的理想，在倫敦也開設辦事處推銷香港股票。我在 1982 年被派去當經理，辦事處只有四個職員，一個專注推銷及與當地的銀行、基金等金融機構打交道，獲得沽售訂單後，交予另一位負責交收的同事與香港協調；另外兩位負責會計和雜務。麻雀雖小但五臟俱全，當年倫敦以至歐洲，及中國內地金融界，就是從這小小的分行開始認識香港股票。

辦事處地點設在倫敦金融區的中心，在一條叫 Sherborne Lane 的小巷，鄰近英倫銀行和證券交易所。這小公司的對面是大名鼎鼎的中國銀行，我們也有生意來往，但最主要是我和時任總經理夫婦倆是好朋友， KC 和 Daisy 在這個圈子無人不識，不獨能幹、友善，而且是網球好手。我初來乍到，能融入當地社會，不少是通過他們的介紹。後來他們也一同被派到紐約分行，而我剛好又受命去紐約開辦事處， KC 曾笑說：「你不要老跟着我！」

倫敦分行的另外一個功能，是照顧幾位香港大家族的公子，他們都在英國唸寄宿學校，每月的零用錢就來這分行提取。想不到這個微不足道的功能，令我認識到今日非常成功的投資者及國際級商業領袖諸立力（Victor）。他一直叫我 Uncle Jack，事實上是我跟隨他出席歐洲各大會議，包括在瑞士舉行的國際金融論壇。

巴黎百利達銀行

馮先生行事果敢，見解獨到。常對我說：「不要說不可能，只說怎樣才可能。」其時已建立香港最大的證券公司，在這份成功之上，他要更進一步，成為一名銀行家。法國百利達銀行（Banque Paribas，今法國巴黎銀行）與新鴻基財務組成合資公司，並要將香港的新鴻基財務打造成一家商業銀行，正因與巴黎銀行的業務往來，我有更多的機會體驗巴黎風情。

學生時代，已盼望到這浪漫之城一遊，確是：「廬山烟雨浙江潮，未至千般恨不消。」終於，有幸在公務員時期經英國到訪巴黎。當然立即做齊遊客本分，走遍巴黎鐵塔、羅浮宮、協和廣場、凱旋門、香榭麗舍大道、榮軍院等旅客熱點。

當我正式出差到巴黎公幹時，卻要去到百利達銀行位處歌劇院大道旁邊小街的總部辦公。這總部不止位處小街，而且入口很細小，但進去之後，豁然開朗：頭上是一個偌大的玻璃拱頂，裏面有數個該銀行前任主席的雕像。就這感受，已察覺到法國人的獨特之處：表面不會過分花巧，內涵卻甚具浪漫與奔放的色彩。

法國是最早承認新中國政府的國家之一，也在早期積極到香港探討如何與華貿易。百利達銀行管理層做事認真，積極進取，最終他們決定入股新鴻基財務。馮先生與我每到法國，必受宴請。乘坐十二個小時的飛機後，一下飛機，往往要在睡眠不足的情況下趕赴晚宴。法國餐通常九點開始，每道菜配上不同的美酒。馮先生不喝酒，亦不太欣賞每道菜之間的詳談，他經常叫我翻譯諸如：「叫他收口，唔好再講」、「快些上菜，我已經眼瞓」或「再講我要走啦」等說話。我都要巧妙地翻譯成「馮先生很有興趣，請你把說話中心再講一次」、「法國菜味道很好，他期待下一個菜式」、「他說酒店很舒服，希望今晚睡個好覺」。我的翻譯雖沒有開罪招待我們的東道主，但很明顯達不到馮先生的意思，他唯有不斷打呵欠。雖然我們不欣賞馬拉松式的法國晚餐，但和馮生的公幹的經歷，也使我建立了兩個興趣。

一是參觀博物館，不論是凡爾賽宮、羅浮宮、奧賽博物館抑或是龐比度中心等，巴黎的博物館種類繁多，不同主題應有盡有。馮先生的經濟學就是：「參觀博物館實在十分划算，自己肯定找不到這麼多好作品！」另外一個興趣是逛街市。巴黎的街市規模大，各種肉類、生果、蔬菜、芝士，還有最美味的法國薄餅、小杯咖啡，琳琅滿目，價廉物美，一方面是上佳的農業展覽會；同時也可一探當地居民的風采，是一個融入當地社會的速成方法。馮先生雖然日理萬機，但也會在博物館和市集流連一個鐘頭。

紐約推廣香港股票

巴黎任務完成後，我到紐約設立辦事處推廣香港股票。在學生時代，我已揹着背囊到過紐約，只記得舉目皆是高樓大廈，充斥着喧嘩的警車聲和救護車聲。這次被派來工作，才真正深入了解這座城市。2001 年 911 恐怖襲擊前，世界貿易中心一共有五座，我的辦公室在第二座。工作就是日間開價買賣香港股票，晚上趕上香港開市的時間，將交易轉回香港股市。

我就住在世貿旁邊的酒店，上班寸步之遙，非常方便，後來和美林的換股協議談攏後，亦曾在附近的自由廣場（Liberty Plaza）上班。從華爾街步行到紐約唐人街僅需十五分鐘，每當我渴望吃一碗叉燒飯或雲吞麵的時候，步行至此，即可大快朵頤；甚至是剪頭髮，唐人街也是方便之選。這是保留我香港仔情趣的一種方法，但大部分時間我都要努力融入當地的習俗，例如工餘在 Harry' s Bar 飲兩杯、晚飯到 Midtown 吃日本菜、四川菜，或意大利菜，晚上到百老匯或林肯中心看歌劇，或聽音樂，又或參加私人派對。

熟習了這城市之後，便可揮灑自如地駕車到處去，有時午飯時候也可以到哈德遜河畔切爾西碼頭的高爾夫練習場玩一小時。結交紐約的金融才俊後，我更見識到他們有多聰明能幹，不少人從常春藤聯盟八大畢業，辦事極盡「效率」二字，無論職場拼搏，還是交際應酬，均盡如是。白天盡力做工；晚上喝酒約會，當時有幾間夜店特別流行，還記得有一家叫「Studio 54」。他們的日子過得精彩恣意，當我看《華爾街狼人（*The*

Wolf of Wall Street)》、《大到不能倒：金融海嘯真相（*Too Big to Fail*)》等電影時，都對裏頭的角色有深厚共鳴，他們的作風正應了一句對白：「貪婪是好事。（Greed is good.）」。論盡當時華爾街的人物百態 —— 成者腰纏萬貫，敗者鋃鐺入獄。

作為一個初來步到的香港人，我並不能完全融入當地財經高手的圈子，但他們樂得讓我做旁觀者，不介意我未能完全投入，尤其在認識女性方面。

八十年代美國的金融界有創業熱潮，而華爾街的大企業中臥虎藏龍，不乏一鳴驚人者。有一次跟隨馮先生會見美國第五大投資銀行與主要證券交易公司之一貝爾斯登公司的行政總裁，他介紹我們認識幾名年青人，在貝爾斯登總裁的辦公室裏，我們都興高采烈地喝着咖啡談論香港股市。這時行政總裁突然說：「美國市場最近冒起了一股投資基金熱潮，以上市或非上市形式集資，委託基金在管理上執行投資決策。」他問我們：「有興趣認識一位表現突出的基金經理嗎？」當時投資基金在香港還未打出名堂，我便為馮翻譯說：「當然有興趣。」二十分鐘後，冒出一位三十出頭的年青人，他進來時還戰戰兢兢的，但卻把這個新興玩意解釋得非常清楚。我為馮生翻譯時不免輕輕帶過一些比較專業的術語，畢竟初次接觸這個投資工具，不完全明白甚麼是槓桿收購（LBO， Leveraged Buyout）；他後來成為金融史上最成功的產業投資機構之一「KKR」創辦人亨利・克拉維斯（Henry Kravis），當時我傻兮兮，有眼不識泰山。

紐約對我的另外一個吸引之處，就是來自香港的朋友甚多。Daniel Souza 是我中學和大學的同窗，也是我加入新鴻基證券後引薦的同事，那時和我在紐約分公司共事。由於之前他已在投資界頗有經驗，為人隨和又負責任，對我的幫助甚多。我們的得意之作 —— 與美林換股，也是共同努力的成就。一次我被邀請到美林的訓練學校，向數百個經驗豐富的經紀講述換股一事。事前真是一籌莫展，多得 Daniel 鼓勵，他提議開始時先講個笑話暖場，這是美國人的演講風格。那時剛好美林在電視上播放一個廣告，象徵美林吉祥物的公牛闖進一間瓷器舖大肆破壞。我便利用這個廣告來說笑：「我們合作之後，請你們這頭公牛不要入來打爛瓷器 (China)。」(英文瓷器和中國是同一個字) 居然也引起這些不苟言笑的老經紀大笑一番。

還有諸氏兄弟，他們是老華僑，擁有差不多十分一的唐人街物業，又發展出新的唐人街，當地人稱為「法拉盛」(Flushing)。最後還有楊志雲先生的景福公司，在紐約第五大街也開了首飾舖，並擁有該棟大廈。他的兒子和我也是好朋友，後來還介紹貿發局買了七十街的一棟別緻洋房為寫字樓。除了香港朋友之外，我與一些生意伙伴也漸漸熟悉，例如貝爾斯登公司總裁 Mickey Tarnopol，他是一位成功的銀行家，個性熱情，很喜歡香港這個城市。再有美林的主席 David Komansky，也是個中國通，辦公室擺滿了中國的紀念品。

紐約別號大蘋果，是終極之城。我帶着太太來了幾次，我們總是受到銀行的貴賓待遇，有豪華轎車接送、百老匯演出、美味的意大利餐廳，充分體驗了這大蘋果所象徵的璀璨、奢華與貪婪。

美林換股

現在要說說我們在證券界的傑作 —— 美林換股。馮先生在一個炎熱的夏日到紐約進行商務訪問，每天馬不停蹄。有日，我們忽爾在會議之間得了約莫三個小時的空暇，習慣了忙碌，不由得渾身不自在。走在第五大道上，見黃色的士與行人熙來攘往，商議應該去 Saks 買領呔，還是到附近的咖啡店消磨時間。

適逢 1979 年鄧小平訪美後引發的第一波中國熱，我想起花旗銀行董事長剛剛去過香港與馮先生見面，於是建議利用這個空檔去見見他，當下就打電話。他剛好有空，我們便到他位於第二大道的花旗銀行大樓辦公室見面。

我們談到如何令中國國有企業有興趣參加期貨和大宗商品業務。董事長靈機一動，想起美林證券應該會很感興趣，並問我們是否可以立刻趕到華爾街，他隨即撥了電話：「Roger, are you free?」（你有空嗎？）就這樣幫我們約見美林證券主席。

美林證券的總部就在世貿中心旁邊的自由大廈，主席 Roger Birk 辦公室在頂樓，其餘證券買賣、投資銀行、基金、財富管理和其他金融有關的業務，分佈在這數十層辦公室中，是美國以至全世界最大的投資銀行。美林的主席很高興見到我們，我跟着馮先生走進偌大的主席辦公室，實在有點膽怯。主席看來六十左右，頭髮已灰白，身材中等，態度和藹。在美國一間大行能晉升到這個位置，當然有過人的才幹。一番寒暄之後，馮先生開門見山：「金融業務中，你們是美國最大的公司，我公司則是香港最大的，而且服務的不只是香港，而是龐大的中國市場。鄧小平的改革開放會帶來無限機遇，這是個非常好的時機，讓我們兩間公司合作，把財經服務帶到中國內地市場。目前他們最渴望的，是得到期貨買賣的知識，包括農產品、礦產、金屬等，這些都是美林的強項。」

我便把他說的都一一翻譯，主席先生點頭同意：「馮先生你所說的，正是我們心中渴望的發展方向，很多謝你今次親自來提出，我會認真吩咐同事研究如何合作。」臨走之前他帶我們到天台參觀，我便趁機說：「我已在世貿中心成立了分公司，買賣香港股票」，主席回應說：「美林也在香港有分公司推銷美國股票。」當時美林是香港唯一外來的證券公司，他展露了紳士般的微笑，「那麼我們的公司是對等的了。」

離開之後，老闆滿意地對我說：「你今日這個提議非常好，我有信心成功。」我卻擔心美國的大蛟龍，如何和香港小池塘的大錦鯉合作。萬萬猜不到，我們這次臨時起意的會議，竟然換來豐碩的成果。

從那次聯繫開始，兩家公司在兩地的中間點夏威夷進行了一系列會議，半年後促成了一次股份交換，以 25% 新鴻基證券股份及 15% 新鴻基銀行股份，換美林證券的 4% 股份，由於美林股份很分散，4% 持股已足以讓馮先生成為美國最大股票經紀公司的最大單一股東。這件事在香港和華爾街成了頭條新聞，《紐約時報》有以下報導：

DEAL MAKER: Fung King Hey

Merrill's Hong Kong Link

Fung King Hey, Hong Kong's premier businessman

1982年6月20日《紐約時報》

「美林將收購新鴻基證券25%的股份和新鴻基銀行15%的股份，馮先生可能成為美國最大證券公司的母公司美林公司的最大單一股東。（Under which Merrill Lynch is acquiring 25 percent of Sun Hung Kai Securities and 15 percent of the Sun Hung Kai Bank, could make Mr. Fung the largest individual shareholder in Merrill Lynch & Company, parent of the United States' largest securities firm.）」

「大Deal（買賣）」成功了，我開始擔心在紐約促成換股時所作的「狂言」，「讓我們帶你進入中國內地龐大市場」能否兌現。美林證券是美國家傳戶曉的大行，分行遍佈全美國，員工數以萬計。我在華爾街總部自由大廈實習了兩三個月，感受到大企業的運作，分工、配合和溝通辦法都自有一套。由上至下都目標明確，為公司賺錢的原動力是出於豐富獎勵（即是金錢），無論是否常春藤大學畢業的員工，不論是代客買賣股票的出市代表或信差司機，都各盡所能，這就是當時的美國精神。

在香港方面，我們也開始準備各方面的配套和合作，在聖佐治大廈的美林分行，已被納入新證體系，成為我們的美股部門。他們原有的香港人員非常配合，總經理是美籍華人 Stanley Wu，彬彬有禮；副手 Francis Chan 是香港人。馮老闆也隨之成立期貨部門，並積極向商務部和在北京的國企如華潤、中糧等介紹期貨和外匯買賣。幾年後還帶引了美國主張自由貿易的大師佛利民教授（Milton Friedman）見趙紫陽總理。中國在金融方面的開放，新證可以說是開風氣之先。

1978 年鄧小平提出改革開放，掀起第一波中國熱，馮老闆的高瞻遠矚，讓新證趕上了這趟快車。那個年頭資本家大多對改革開放持觀望態度，小心謹慎，不願冒險，頂多就是貪圖工人成本低，到內地開廠。

馮先生很早就洞悉先機，進入內地做金融、買賣期貨、套戥交易等。後來能促成美林換股的原因，正是華爾街證券商都一致看好中國這個大市場，但進入無門，就把馮先生看成師父。事實證明，他對證券普及化和香港金融國際化，也看得準確。一個香港商人能成為美國最大證券商的單一最大股東，踏上了國際舞台，即使放在今天，都是一件很了不起的事。美林換股確實是開創先河。

到八十年代末，歐美及日本的大行，包括投資銀行基金等，均蜂擁來港開設分行，也是對準內地市場。直至 1993 年，第一隻內地股份「青島啤酒」在香港H股掛牌上市。來港上市、發債、收購和合併的內地企業有如雨後春筍，香港真正成為了世界上三大金融中心之一，紐、倫、港並駕齊驅。

馮先生在 1978 年對我說，他的心願是走向國際；在他去世之後，他熱愛的香港終已成為國際金融中心。

北京辦事處

除了歐洲和美國，馮先生也早着先機在北京成立了辦事處，由公司的中國通周安橋先生領導。

初到北京，是在 1980 年的改革開放初期。馮先生決心協助內地現代化，包括提升金融領域達到國際水平。我在北京辦事處逗留數次，皆是為了跟進籌建廣州中國大酒店的事宜。與廣州市梁尚立主任已初步談好，但必須得到北京領導汪道涵拍板批准，這是中國內地第一家有外商投資的酒店，終於在香港企業家胡應湘先生和新世界集團主持下完成。另外一家，是由霍英東先生興建的白天鵝賓館。

胡應湘先生是改革開放的一大功臣，貢獻良多，除了酒店、地產外，他一手發展的廣深高速公路在內地開風氣之先。這條中國最繁忙的高速公路，連接廣州、深圳、東莞，全程超過一百公里，是珠三角的「黃金通道」。他亦是首個提出港珠澳大橋構想的人，當時坊間不少懷疑甚至是反對聲音，但今天港珠澳大橋已逐漸成為大灣區的經貿新通道和物流「大動脈」。

當年我初到京師，抱着「不到長城非好漢」的心態，盡覽長城、故宮、天壇、頤和園、十三陵等歷史遺跡。但北京的魅力在於其權力中心的地位，其後當上全國政協，每年花兩周在北京開會，才深深體會到「不到北京不知官小，不到深圳不知錢少」這句話的道理。到處都會碰到正容亢色、手握大權的人。

新鴻基的寫字樓設在北京飯店的一個房間裏。小小的房間，以一道簾分隔，前面是辦公處，後面是睡床。我每天寫下工作要點，要向總公司匯報，當時沒有手提電話，晚上要騎單車，經過天安門，到西城區的北京電報大樓掛號打長途。長途電話價錢昂貴，一拿起電話就得爭分奪秒，將工作要點與業務狀況向總公司報告。當年往北京的航班每日一班，下午六點抵達北京，北京飯店的餐廳七點關門，如趕不上在飯店關門之前到達，便沒晚飯吃。寬闊的長安街上十來分鐘才有一部汽車呼嘯而過，與今天長安街上二十四小時車來車往，行人持手機講個不停，實有天淵之別。

在北京新鴻基證券結交了兩位同事，周安橋和楊亮瑜，皆成為了終生朋友。周是罕有的中國通，後來一手成立了天安地產；楊則專注股票期貨。

我與北京有深厚的連繫。新鴻基證券往後的工作，差不多每一份都要上京；做地鐵主席時，亦在北京獲得了南北綫的投資營運權。任職貿發局時，領先在北京開設第一個辦事處，當時是八十年代後期，雖然改革開放已經開始，但仍未有現代化的辦公大樓。貿發局的辦事處就設在中信大廈（今北京的國際大廈）美心餐廳廚房後面的儲物室，這還有賴美心老闆伍淑清小姐恩准。

另一方面，馮先生敏銳地看到東盟地區的商機。他成立了一個投資俱樂部，從菲律賓、馬來西亞、泰國和新加坡等地，各選出一名商界領袖，管理共同的投資組合，而我則擔任秘

上／　中國大酒店現貌
中及下／　長安大街當年及今日

書。投資結果大多是賺錢的，每兩個月的會議都以豐盛的晚宴和歡聲笑語作結。文酒之會通常在中環陸羽茶室二樓的頭房舉行，陸羽裝修古色古香，酸枝雲石桌椅；而且侍應都上了年紀，看來已服務了數十年，與熟客都非常熟稔。我和富豪的第二代坐在貴賓房門外另一桌，不能直接參與老闆們的傾談，一般都閒聊一些無關痛癢的，例如：「你甚麼時候再來雲頂玩？或是到芭提雅的藍湖高爾夫，我叫人招呼你。」新加坡的年青人則說：「我們這邊準備開放賭業，即將有大型賭場。」聚會令我得以結識傑出人物的下一代，這些人脈在我以後的生活中，足證寶貴。

擠提危機

馮先生一直嚮往成為一位銀行家。當時政府提出一項新政策，向合規格的財務公司批出銀行牌，惟資產要達到一定要求，而銀行資產跟貸款數量掛勾，才可以成為正式持牌銀行。政府要求嚴格，基本上不發新牌，為要爭取銀行牌照，馮先生的財務公司貸款給多間地產公司，見此我已覺得忐忑不安。終於，在 1982 年 2 月新鴻基財務取得銀行牌照。

新鴻基銀行由新鴻基和百利達銀行共同管理，當時的董事長請我到銀行擔任總經理，由我的前校友周文耀擔任運作總監，他後來成為了香港聯合交易所的行政總裁。我們在多方面努力推動銀行的業務，例如發展信用卡和中小企業貸款的擴張，這些客戶普遍被大銀行拒絕，讓我們找到了自己的空間。很多客戶對此表示感激，到今天還一直保持着友誼。

其中一位是當時經營娛樂場所的客戶，他的業務包括酒吧等都已領牌，非常希望能夠被銀行按納為信用卡客戶，讓顧客可以信用卡付款。有次請他和助手出海遊玩，出海輕鬆的氣氛讓他大吐苦水：「我們不是去偷不是去搶，是領有酒牌做遊客生意的娛樂場所，但目前並沒有銀行接受我們，你可以幫忙嗎？」我想了想便說：「我們銀行的定位以服務中小企為主，就是希望幫助中小企發展業務以至信貸，所以這是我們可以接受的生意。」當時我們確實幫助到一些中小企拓展業務。此外，周文耀還制定了一種槓桿公式，方便認購上市股票，因此無綫電視的上市非常成功，也幫助馮先生套現了他的持股。

1982 至 1985 年期間，正值中英兩國開始商談香港主權問題，市場對香港政治前景的憂慮加深，地產市場接近崩潰。政府無從控制匯價或貨幣基礎。

1983 年金融風暴，港元急劇貶值，跌勢一發不可收拾，由年初的一美元兌六點五港元，跌到一兌十的慘況，只要有謠言說哪家銀行出現信用危機，就會發生存戶擠提的情況。超級市場出現人龍，白米以至廁紙等日用品瞬間被搶購一空。我害怕的事終於發生了，新鴻基銀行在 1983 年 9 月遭遇擠提，流失大量現金，那時每天都跟同事研究，如何調撥足夠現金讓客戶提款。擠提風暴之時，我跟從馮先生去見滙豐銀行主席，得到他們「無限量支持」的承諾。盡管如此，銀行的信用基礎已經受到嚴重破壞。最後，新鴻基銀行在 1985 年 5 月被阿拉伯銀行收購，結束了馮先生長期以來成為銀行家的夢想。

在香港的風浪稍見平息，馮先生準備到三藩市開會。在毫無徵兆的情況下，他在遊輪上出事，上岸後去世。

馮先生是我的恩師，我永遠感激他帶我進入金融界，開闢了新視野，也改變了我的人生觀。即使他的「銀行家夢想」沒有成真，他矢志要實現的證券業大眾化和香港金融業國際化，都已達到。現在回看，他實在居功至偉。

回想當年離開公務員體系是被商業社會吸引，總覺得自己應該在商場上拼搏一番，並沒有把賺錢放在第一位，反而是想測試自己有沒有這本領。結果卻是在商場上，脫離不了公務員心態 —— 謀事不牟自己私利，做到事情已經滿足，這可算是進入私人機構的基本錯誤。

一代傳奇黃霑

提到馮先生去世，還要講講黃霑的故事。我在新鴻基銀行任職期間，與作曲家、作家、演員黃霑成了密友。當年我們三人亦師亦友，無所不談。馮先生一向篤信風水，而且專崇八九十年代紅極一時的命理大師「鐵板神算」董慕節，我個人的立場剛好相反，對相學有點抗拒。如果說得好，我不會盡信；說不好，我反而耿耿於懷。馮先生在遠行之前訂了兩個快期（快期收三倍價錢）去看董大師，我婉拒之後，他請了黃霑陪同。馮先生去世後，黃霑茶餘飯後對我們一班舊夥計說了，現在三位先生都已成故人，雖已無從稽考，不過也在此一敘。

霑叔的版本是馮先生在固定的翻書動作之後，得出「忍忍忍，退退退」幾個字。董大師幫人批命，聽畢對方的時辰八字，便會低頭密密打算盤，每當算出一個數字，會着客人翻閱十二本手抄本，根據當中的數字找出斷語，逐句逐句拚出來，湊合出來者的命書。而「忍忍忍，退退退」意在勸馮先生盡快離開香港。但馮先生因業務緣故不能即時離開，要等幾個禮拜，霑叔的解讀是如果即時離開，馮先生的中風不會發生在船上，如在陸上發生便可以把握黃金十二小時去搶救。他的故事一方面隱約讚歎董大師的功力，另一方面是對香港財經界祖師離世的惋惜。

黃霑比我年長，在喇沙書院讀書的日子裏，他是學生會會長和口琴隊長，運動傑出。他才華洋溢，恃才放曠之餘，亦胸襟廣闊。當時大學讀中文的人都有見解獨到之處。他原在天主教培聖中學教書，但他是坐不住的性格，於是改行寫廣告，有時兼職電視節目主持人；又隨心所欲，去寫《不文集》，結果大賣。霑叔是短跑健將，不游水卻喜歡出海；我們多次坐船出海，飲酒暢談。他喜歡看海，有次他坐在船尾，看航行時的濺起的水花看得入迷，不知是否成為日後寫《上海灘》時，一句妙筆「浪奔浪流」的靈感。

馮先生欣賞黃霑的才華，有時會邀請他一起出國旅行。其中一次是陪伴當時新晉女歌手梅艷芳在東京的首演。另外一次也是在八十年代後期，我們和黃霑及林燕妮到東京，日間各有公事，約好了晚上食飯，竟來了當時在日本走紅的香港歌星陳美齡，還記得黃霑很耐心地和她研究如何唱一首新作。那是炎熱的夏天，她一到埗便投訴說：「很熱，行到很累。」「當然啦，你孭住兩個……」這又是霑叔的幽默。

飯後他叫我到房間聊天，當時中英兩國已經展開 1997 年香港前途談判，不少香港人士對前景感到悲觀，準備移民外國。黃霑是一位愛國愛港的熱心人士，和他談到這個問題時，

在黃霑追思會，我說出對他的敬佩

我們極為擔心。一談就談到深夜，再談到天光，我們決定回港組織一班年青才俊，逆流而行，表示愛國愛港，對前途展現信心。想不到當夜言談間，他已寫成了一首《我的中國心》。

後來我們果真組織了一些在社會上有地位的人，聯署一篇《迎接時代的挑戰》，刊登在報紙頭版，鼓勵香港年輕一代，接受時代轉變，不需移民，留港建港。

說回黃霑，他不拘小節，樂於助人，志在痛快。為了提升我演講的能力，他精扼簡要地向我數出三樣原則：第一，不要害怕，應當期待，享受演講。第二，「照稿讀」只會生硬無力，反之即興演說，並與觀眾保持眼神接觸，就會有強大的感染力。第三，公開演講不存在「準備不足」一說，沒有人在乎你準備充足與否，他們只看到你的表現。他還教會我，在演講時可以不時暫停，發揮「沉默」的力量。寥寥數語，其應用不限於演講，在日常生活裏，亦蘊含沉默的大智慧。

他善談眾人皆知，但喜歡「食好嘢」、請客才是特點。記得當年多次在尖東一酒家和他與林燕妮及幾位朋友歡聚，他已是熟客，每晚花費不菲。當然，黃霑最享負盛名的天縱之才，還是編曲填詞。他曾酒後十步成歌，才華橫溢至此，歷歷在目。他藉着酒意，挨在房內鋼琴邊，隨意按幾下，靈感即行湧現。稍經思索，手下流出的音階即成樂章。興起之際，引亢高歌，可惜當時並沒有留下一紙記錄。他佳作無數，豪邁張揚的性格有益他的創作事業，卻無益他經營生意。他的黃與林廣告公司不幸遇到經營困難，最後我協助他把公司轉讓給盛世集團。

2004 年，這位香港的傳奇人物因癌症離世，原來他臨終之前，已吩咐太太聯絡我安排他的追思會。估計有超過一萬霑叔迷前來致祭，會上播放他的多首傑作，更設有一幅大型肖像，讓眾人前來獻花、鞠躬致意。正如他所願，我即興地說出心底對他的敬佩，亦感慨地說出中學時期他對我的鼓勵：「你吹口琴唔叻，可以喺第二樣叻啲。」他的個性是有好事會盡力和朋友分享；情操高尚，自己辛苦患病的時候，不會麻煩朋友。他對香港和國家的深厚感情盡在作品中展現無遺，《獅子山下》已成為香港人家傳戶曉的歌曲，而《我的中國心》更響遍了整個中國。

第七章

貿發局總裁

經歷過 1983 年金融風暴及股災，香港金融業受到重創；及後馮先生於 1985 年突然離世，我決定離開新鴻基。在人生旅程中，又駛過一艘大船向我招手，我揮手回應，再次迎來一次大轉變。

當時有傳說時任立法局首席非官守議員鄧蓮如爵士，以及恒生銀行董事長利國偉爵士欣賞我官商兼備的履歷，我辭職新鴻基證券後，隨即收到獵頭公司聯絡。

首位華人總裁

1985 年貿發局正在尋找適合的人選擔任總裁，這職位過往一直由英國人擔任。我與貿發局選拔小組展開第一次會面，商談的過程十分愉快，當時由大企業家唐翔千先生主持，我還擺出不大願意的態度說：「非常多謝各位今日的接見，但我要回去仔細考慮下；我已通過了律師考試，不想浪費這專業資格。」唐先生心中一定想，這小子不識抬舉，但沒有說出來，只是說這個職位，應該是我夢寐以求的，「你將領導香港總部加上全球十多個辦事處，以推廣香港的出口貿易，任重道遠，前途無限。」他態度誠懇和藹，令我敬佩，這也是我一生中的運氣之一，隨後我被任命為香港貿易發展局第一位華人總裁。

這裏順帶一提，我大學畢業後有向貿發局申請做見習生，但被拒絕了。現在看來，也許命運認定我只適合出任總裁一職！我直接向主席鄧爵士和董事局負責。

自 1842 年起，香港接受英國殖民管治多年，本來以英國人為主的政府和商界高層職位，在即將回歸祖國之際，也開始要考慮繼任人。當然亦有不少聲音，妄想英國的管治可以延續，其中最離譜的一個想法是由大富豪們發起集資，向北京購買租約延期，這些想法都在戴卓爾夫人在北京會見鄧小平時被全數否決。這位首相在離開人民大會堂之時，不慎摔了一跤，成了世人難以忘懷的一個畫面。

上 / 戴卓爾夫人在人民大會堂外摔倒

下 / 與戴卓爾夫人見面

我發現自己兼具公務員和私人企業的工作經驗已成為被欣賞的履歷。政府當時的多個職位，已然開始由華人接替，之後在多個私人企業和公共機構的總裁職位，都是接替英國人擔任。1985 年貿發局開創先河，改由華人擔任總裁，1995 年地鐵公司主席和往後數個非執董職位也有這樣的轉變。這是時代轉變的徵兆，看來我的幸運就是活在這個時代。

1985 年，我到任貿發局時總部設在鷹君中心最頂的三層，當時會展還未建成。要多謝我的前任，我的辦公室位處頂層，裝修講究之餘更擁有全海景，寬敞的空間旁邊還有一個小會議室。總裁的辦公室夠體面，但樓下的產品展覽廳卻相當細小。香港貿易發展局的任務是要促進香港對海外市場的出口。其時香港並沒有正式的展覽場地，很多時要租用華潤大廈的一個小展覽廳，甚至在酒店大堂作陳列。雖然如此，這個「樓梯底」產品展覽空間，卻招待了不少貴賓和買家，包括朱鎔基先生。

我曾經兩次在貿發局任職，第一次是 1985 年至 1992 年擔任總裁，第二次是 2007 年至 2015 年任主席。在貿發局工作的年代，對我來說真是五光十色，不論在地域上，全世界有約二十個代表辦事處；或活動上，更囊括所有行業的進出口推廣，而且很多範疇都是從零開始，可以盡量發揮創意。當時正值中英雙方簽署《中英聯合聲明》，明確中國將在 1997 年恢復對香港行使主權。這份工作有趣在能「集體推銷」香港，在香港經濟轉型、國家改革開放之際，向外宣揚香港兼具與國際接軌及進入內地門戶的功能。

推動製造業轉型

八十年代是個令人振奮的時期，隨着 1997 年回歸日逐漸接近，市民各懷不同的心態，有不少準備移民，但大多數卻決定繼續留港生活，並且對內地改革開放抱有期望。同時，香港亦正由製造業轉型為轉口港；香港在六、七十年代，接收了一波又一波來自中國內地的難民，大量勞動人口推動香港製造業發展。六十年代，製造業來自蘇浙，上海廠家例如王統元、唐翔千、楊元龍、曹光彪及丁熊照等，開設了第一批工廠。先是製造紡織品及成衣，領域逐漸延伸到塑膠、玩具、珠寶、鐘錶、首飾、印刷品及電子產品等。貿發局的功能是代理推銷，將本地出口帶到國際市場，其中一個方法是吸引買家來香港視察廠房，當時荃灣、觀塘、黃大仙、新蒲崗和香港仔是必去之地。然而，時移世易，隨着內地七十年代末改革開放，低人工和低地租成本吸引大部分廠家把生產工序北移，而接單、出樣版、財務安排和出口仍是香港的強項。香港要把握這個契機，實行經濟轉型，改為做轉口港。

興建會議展覽中心

貿發局也在香港舉辦貿易展覽會，邀請世界各地的賣家參與。為了擴展這一方面的工作，香港極需要一個龐大的場地。

經過公開招標，在灣仔填海區興建會議展覽中心一期的項目由新世界集團以公私合作形式奪得。當年市道不太好，很多

上／　觀塘鱷魚恤工廠

左／　玩具製造

右／　相機產業

地產商不看好後市，唯獨新世界鄭裕彤先生獨具慧眼。會展由香港政府及香港貿易發展局共同擁有，第一期工程採用 BOT（Build-Operate-Transfer，建造、營運及轉移）的建造管理模式。由私人發展商出資興建，並由旗下全資附屬公司香港會議展覽中心管理有限公司管理及營運。這種發展模式，善用商界資源協助發展公共項目，建基於公平公正透明的投標制度，與政府拍賣土地無異。

會展項目 1986 年動土，1988 年落成。建成之後，貿發局除了獲得大量展覽空間和會議室外，還有辦公大樓的三層作為總部。搬遷完成後，擇好良辰吉日開幕，也許受我凡事都不放心的性格驅使，開幕前兩天我擅自看一下開幕儀式的佈置，聽說這是由一位知名外籍設計師策劃。不看還可，一看真是大吉利是：全是白色和藍色的設計，兩旁還有燈籠，立即令我想起「主懷安息」的場面。於是立即請同事漏夜開工，把這個不適合本地風土人情的設計拆掉，換上簡單的紅色黃色背景，屆時還要拜神切燒豬一番。我並不是迷信風水，但一定要尊重中國人的風俗，這一招可能是帶來了貿發局往後多年的順風順水。

工廠北移也不是一朝一夕的工夫。當時許多內地招商團都會來找貿發局引路，而貿發局是一個合適的非政治機構來接待他們。1990 年，其中一隊早期的代表團由時任上海市長朱鎔基先生（後來成為總理）帶領，貿發局邀請了數十位香港的商界領袖一同參與，大家聚集在展示廳，朱市長說：「浦東目前還是一片農田和破爛的舊工廠，但處黃浦江外灘的另一面，是個發展金融業、商業和高級工業的好地方。我們已設計好藍圖，將來會興建多棟高層大廈，更會鋪設一條磁懸浮高速鐵路直達浦

香港會議展覽中心

東機場。」

他隨即展示了一個浦東未來的模型：摩天大廈林立，模型上的幾棟大廈包括東方明珠廣播電視塔和上海國際貿易中心等，現代化建設齊備。我們都大為驚歎，他又說：「這裏的投資機會甚多，希望各位能參與我們的偉大建設。」在場的香港商人都瞠目結舌，怎麼農田可以變成曼克頓。在場很少人相信這個模型會成現實，但觀乎今日的浦東，已是本世紀的經濟發展奇蹟，規模遠遠超過了當日所示。

回想起來，因着兩地發展步伐的差異，當年內地官員普遍視香港為「師父」，紛紛來港請教如何規劃及制定策略。後來我到了地鐵任職，在北京、上海、深圳和香港地鐵都有興建新綫。然而近二十年來，內地反而成了香港的師父，發展快得我們學也學不來；但香港在國際化和金融業，依舊處於領先地位。

鼓勵新思維

上任之初，機構內部有不少問題。員工生活安定，享有房屋及各種福利，財政來自於公共資金，自然會形成過於安逸的氣氛。就在我上任的第一周，審計署的職員已迫不及待地來拜訪我，說：「如果我的團隊來了，他們就必須找出點問題來交差。」最終，他們發現我們用了太多衛生紙和影印紙。

這個模稜兩可的指責激發了我，立即着手進行一些改革：一、貿發局將實行商業化，向用戶收費，而不單是提供免費服務，要負擔起財政責任；二、裁減無用職能和冗員；三、加強

上/ 1990 年，朱鎔基（右一）訪問貿發局

左/ 昔日浦東

右/ 今日浦東

辦公室紀律；四、在各行業設立諮詢委員會，涵蓋成衣、鐘錶、珠寶、電子、玩具和禮品等，諮詢業界意見後才安排活動，以確保我們的服務有價值，客戶願意付費而參加；五、中國內地作為製造基地加上市場正在開放，貿發局必須努力開發這一巨大潛力。

這些明顯必要的舉措也遭到批評，一些外籍員工曾向媒體抱怨，有幾位理事會成員也警告過我不要如此激進。幸運的是，我得到主席和理事會大多數人的支持，於是便刻不容緩，推進改革，並迅速在北京設立了第一個辦事處。我們還為每個主要行業成立了諮詢委員會，以及在海外各地建立了香港協會，以發揮香港支持者的影響力，幫助我們推廣香港業務。

八十年代，貿發局除了組織銷售代表團到香港視察和前往海外市場，我們也在各大城市開展推廣活動，舉辦香港節。在東京西武百貨店的活動，邀請到當時在日本極受歡迎的香港明星成龍和陳美齡協助，和他們出外用膳時，吸引到不少羨慕目光。

當時港英政府重視貿發局的工作，港督尤德也曾隨團到海外推廣香港貿易。唯一一次觸及「政治敏感地帶」，是我大膽提出在北京開寫字樓，當時英國政府與中國政府就香港回歸的談判陷入僵局，對此舉沒有表示支持。我的想法是撇開政治不談，中國是極為龐大的市場，過去貿發局的推廣工作集中在歐美、日本，然而忽略內地是行不通的，一定要開拓內地市場。我在證券業工作時，已率先留駐北京，對內地的商機有第一手體會。

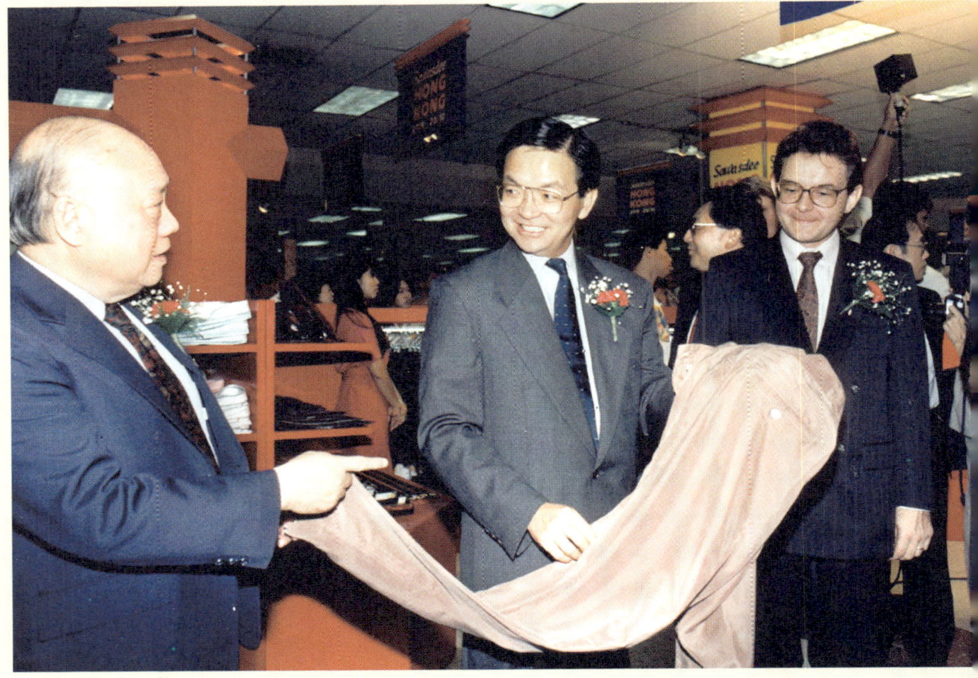

上／　香港國際珠寶展
下／　香港時裝節

我通過自己的人脈找辦公室，其時北京商業辦公大樓很少，美心伍淑清小姐說其集團在北京的廚房後面有間「儲物室」，可供貿發局使用。說是儲物室，面積也不小。伍小姐一直真心愛國，她很同意香港要在內地經濟發揮作用，所以很支持貿發局在北京駐站。就這樣，香港貿發局在北京掛了牌，有人員進駐，有電話聯繫。兩年後，我們物色到合適的辦公室，結束了這「廚房後的駐京站」，我對伍小姐的幫忙，仍銘感於心。

舉辦公眾書展、食品展

會展共有兩個分別面積八千多平方米的展館，用以舉辦貿易展覽和會議，這是將香港從製造中心變為轉口中心的最有效途徑之一。製造商將生產基地北移至珠江三角洲、長江三角洲等地的工業園，而銷售接單就在香港執行。今天貿發局每年主辦四十多個產品展覽會，吸引來自世界各地的買家下訂單。然而項目落成的初期，場面冷清，特別是暑假檔期，買家都度假去了，我們一直思索如何增加會展的流量。

和綽號「貿發局橋王」的 David Yip 及 CT Leung 一起午膳，我把問題拋出來：「我們蓋了這個又新又大的會展，當然是好，有場地發展會展業，而且工業展覽會涵蓋各行各業，配合工序北移，直接推動香港轉型。在這裏接單，在內地生產，香港成為轉口港，但還有一個不足的地方……」

他們異口同聲地問：「有甚麼難題？」我繼續說：「夏天有三個月時間歐美買家都在放假，我們的展覽場館要有活動去填

上／　與新加坡總理李光耀見面
中／　與美國總統布殊見面
下／　與英國首相馬卓安見面

補空檔。」David Yip 想了想說：「這也是學生的假期，我們最好想一些文化活動。」CT Leung 又說：「暑假是一家大小四處玩樂的時間，而且不少留學生回港，我們可以舉辦一些為家庭而設的展銷活動。」於是，書展、食品展、美酒展等對公眾開放的展銷會就這樣誕生，我們還「隆重其事」立刻將這個想法記錄在餐巾紙上。

我比較喜歡和下屬一起放鬆「度橋」，有時候是星期六、日，沿用之前馮老闆的方式 —— 遊船河，在輕鬆的環境下，我出個題目，大家隨便拋出想法，很多事情都是這樣想出來的。

經過幾年辛苦努力，貿發局財政已大為改善，甚至成為當時港英政府的小錢櫃，例如政府利用貿發局在華盛頓聘請說客，為本港製衣業爭取最佳配額。這才發覺在美國政治體系中，說客原來是一盤大生意，甚至會出示價目表，列舉要某某高官或議員出現在早餐或午餐的不同價錢，在美國這種政治捐款是合法的，聽聞要到白宮睡一個晚上也有價錢，但我們並沒有這個需求。

會展中心落成數年後，香港的展覽業逐漸大放異彩，其中大部分工業展覽由貿發局牽頭，包括成衣、鐘錶、電子等香港製品，之後又舉辦了珠寶、燈飾、眼鏡、美酒展等，暑假舉辦書展、食品展等都非常成功，受廣大市民歡迎，特別是每年的書展，入場人數近百萬，是世界上最大的書籍展覽之一，同期在全港各區舉辦有關的文化活動，掀起了一股全民閱讀浪潮。後來展覽業成熟後，2013 年更特別排期吸引世界級的巴塞爾藝術展（Art Basel）來港，展出頂級的油畫雕塑等藝術品，不

1991 年首屆香港書展開幕

單開放予市民參觀，還大幅促進了香港藝術品買賣市場。時至今天，聞說通過兩大拍賣行蘇富比（Sotheby' s）及佳士德（Christie' s）在香港的成交額，甚至超越倫敦和紐約。

貿發局能在短期內轉虧為盈，並在展覽業獲得巨大成就，實有賴同事們的創意和努力。其中令我印象深刻的包括上文提到的「鎮店之寶」David Yip，他負責出版半年一次的香港產品目錄大全，名為 *Enterprise*，厚達數百頁，更曾成為健力士世界紀錄為最厚的書籍。

另外上文提到的另一位同事 CT Leung，又名「沙漠之

上 / 香港書展現為世界上最大的書籍展覽之一

中 / 美食博覽

下 / 創業日為創業者提供豐富機會

狐」，在當時中東非常艱苦的環境中，竟可以分批帶領香港製造商往中東各地推銷產品，揮灑自如，更能自由出入政府部門、酋長貴族家庭推廣。Mary Wong 和 WH Wong 兩位則是中國通，不但熟悉內地工商機構，例如中國國際貿易促進委員會和中華全國工商業聯合會等，亦和各大省市政府建立關係。當年談買賣時，內地的高官都會盛意拳拳地邀請我們飲宴，「兩黃」無論白酒紅酒都能為我擋下，最有名的北京「三王」也不是貿發局「兩黃」的對手。這個才華，對於我來說非常重要，因為本人酒量有限，需要同事擋駕才能安然度過一餐飯。

內地廠家的供應鏈和海外買家、入口商的資料是貿發局多年積聚得來的最寶貴資產，應該盡量利用。隨着互聯網的出現，我們將貿易查詢服務搬到網上，以便買家和賣家在綫上匹配，同事 Anna Lai 創造出 TDC Link；再後來，TDC Link 進化成 hktdc.com。

多年後，我們訪問了杭州阿里巴巴總部，馬雲很謙遜地說，他多少受到我們網上服務的啟發。他說阿里早期是 BTB (Business to Business，企業對企業) 在網上配對廠商和買家：「我也有來看過你們 TDC Link 的工業展覽和網上配對，覺得相當有意義。」我笑說：「感謝你對我們工作的欣賞，更恭喜你能把這概念發揚光大，阿里今日成就非凡。」除了 hktdc.com 外，我們也大力推廣服務業走出去，包括金融業、電影業和建築行業等。

貿發局給予我發揮創意的空間。除了上述的各種活動之外，有幾個天馬行空的想法也得到實現，例如在工業邨成立

上／　巴塞爾藝術展香港展會

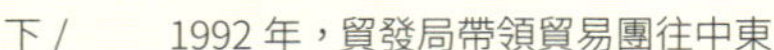

下／　1992 年，貿發局帶領貿易團往中東

TDC Services 為展覽會供應攤位的支架結構；在香港以至後來在內地多個城市設立設計廊（Design Gallery），展示及出售香港設計的產品，應本地消費者的一個意見而來，說是希望買到在工業展覽會展出的香港產品。

會展中心由早年沒有人有興趣投標，發展成為今日工商業、社交和大型宴會必爭之地，成為創造香港歷史的一部分。

十字路口

回看香港的經濟發展，經歷過三次轉型，每每受外來因素推動，加上香港本身的優勢，三次皆轉型成功。

上世紀六、七十年代，大批移民、難民來港找工作，上海資本家把資金帶來香港，發展製衣業、塑膠業等，這是第一次轉型，香港由漁村進化成製造業中心。第二次轉型是七十年代末至八十年代初，中國內地改革開放，招商團來香港，招攬廠家北上長三角和珠三角設廠，彼處人工低廉、地價便宜，香港不再是製造基地，改為轉口港。在促成這次轉型中，貿發局是「無名英雄」，促成各地買家和本地廠家在不同行業的展覽會上洽談生意。

及至九十年代，市民生活質素大幅提高，廠家賺了大錢，地產業發展蓬勃，財經及其他專業服務興起，股票和地產投資非常普及，華爾街大銀行、券商和基金紛紛來港設立分行，香港的經濟又再一次轉型到金融業和服務業。

以上的經濟轉型，都是時勢使然，不轉不行；要是墨守成規就會喪失優勢，乘勢轉型則會更上層樓。幸運的是，在這兩次轉型中我都站對了位置，在「風口位」上扮演了角色。

此時此刻，香港又走到轉型的十字路口。在我看來，比以往三次挑戰更大，這次我們要向高科技轉型，進入大數據時代。科研基礎講求教育配套，人才需具備科學和數學知識，培養經年方能成就一位科研人才。香港一直崇尚賺快錢，現在社會心態逐漸轉變，開始重視 STEM（科學、技術、工程和數學）教育。

其次，是市場生態，觀乎影響世界的創科人物發跡史，如蘋果的喬布斯（Steve Jobs）、微軟的蓋茲（Bill Gates）、特斯拉的馬斯克（Elon Musk）等，都會發現初創（startup）往往需要培養，鼓勵創業精神，加上良好的初創投資（Venture Capital Investment）配套。中國內地已在電動車、電池、風電和太陽能等，佔據世界龍頭位置，就是在熱門的生成式人工智能（Generative AI）和機器人方面，內地都有高科技人才輩出的成功，例子，如 DeepSeek 和 Unitree 等。

如何把握創科機遇？香港的大學有過不少的發明和優秀科研成果，而且我們不一定要從科研開始，可以與內地伙伴合作，例如商湯人面識別技術、大疆無人機，都是兩地合作的優秀科研龍頭企業。香港也是全球第二大的生物科技集資中心，我們可以融合科技和金融，善用香港的優勢。

這一次面對的經濟轉型，與前兩次不同，時移世易，香港再不擁有廉價勞工，轉口港的地位也受到挑戰，雖然航空貨運仍佔世界第一位，在週邊地區的大型機場積極擴展和競爭之下，要保持一哥地位也要加倍努力，就如海運方面已被上海和新加坡爬頭。金融和其他服務行業也是不進則退。可幸香港還有兩個獨特優勢，一是與西方接軌的普通法架構，二是可以自由兌換的港元。今天的優勢更加有國家的大力支持，大灣區九個城市各有專長，相互合作所產生的協同效應，配合國家在一帶一路、金磚五國、亞太同盟等的政策，開拓新市場，尋找新商機。香港曾在地鐵、機場、八達通、寬頻電視等多方面開創先河，還有兩個寶藏尚未開發國際市場，就是醫療服務和專上教育，皆是首屈一指，可以積極向國內外市場大力推廣。

貿發局推廣服務業最突出的例子是金融業和電影業。在金融業方面，每年舉辦一次大型的亞洲金融論壇，邀請各大銀行、金融機構的一把手來香港，進行兩日會議，研討各項有關區內和整個世界的經濟金融貿易問題，而且有常設的金融界資訊委員會，向特區政府提出意見。這兩項措施，在九十年代實在是難得的創舉。

推廣電影

推動電影業方面，開創了幫助非製造業走向世界的先河。我從來沒有想過會進入電影圈，雖然在邵逸夫爵士時代，在無綫電視台董事會參與幾年，但也只限於企業管理層面，與演藝圈沒有實際接觸。在貿發局決定拓展服務業後，我們積極推廣香港電影。七十年代是香港電影的黃金時代，在東南亞和北美的華人社區非常受歡迎；但到本世紀初陷入低潮，投資匱乏，每年出品寥寥可數。

貿發局為了扭轉局面，大力推廣香港電影，在幾個大型的國際影展設立香港展館，組織香港影視界代表團參展。由參與無綫電視，至後來在電訊業工作創辦了收費電視台，對該行業略知一二。但實際的推動工作，主要由同事張淑芬（Sophia）安排，亦由好朋友和電影界名人林建岳先生帶領，本土電影因而漸漸獲得國際認可，並屢獲獎項。

我們亦乘勝追擊爭取特區政府的認可及投資，在 2007 年成立電影發展局直接參與投資本土電影製作，由多位專業電影人士推動，投放資源在二十七部本地電影；其中包括多部獲獎的電影，包括《歲月神偷》和《狂舞派》等，協助本港電影界渡過難關。其後龐大的內地市場開放，對香港電影人才求之若渴。

康城影展世界聞名，人山人海，衣香鬢影，男士都穿上禮服，眾女星皆打扮得花枝招展，在鎂光燈下個個吸引非凡。活動主要分為三部分，一、各地區各製片公司擺展覽和宣傳攤位，二、在戲院播出參展和得獎的電影，三、各式派對。晚上的派對主要在優美迷人的海灘上舉行，徹夜酒會，隨時可碰到大明星、大導演。

我仍是外行人，經常有眼不識泰山，一次排隊入場觀看參獎電影時，前後都是極有名氣的女星，站在我前面很高的女士，突然轉頭問我：「你從哪裏來的？」我說香港。她展現迷人的笑容，「那是一個我夢想着要去的地方。」看着這個高大漂亮的女神，我不知所措，也沒有交換電話，否則可以請她來香港一趟。後來才發現，她原來是我喜愛的電影《伊莉莎白》的女主角姬蒂・白蘭芝（Cate Blanchett）。

一次晚餐我有幸坐在章子怡旁邊，但寒暄幾句後她便忙於和另一邊的導演交談。看電影的時候，我曾坐在畢彼特（Brad

Pitt）和安祖蓮娜祖莉（Angelina Jolie）後排，卻沒有膽量要求合影。另有一次，晚宴身旁坐的是康城、柏林及威尼斯三大影展都奪下最佳女演員獎的大滿貫影后茱莉安摩爾（Julianne Moore），我居然可以多講一句：「你在 *Still Alice*（《永遠的愛麗絲》）的演出，非常感動。」她略作拱手禮回應。

康城晚上的派對通宵達旦，但因為每次都和太太一同出席，她說要早睡早起，我們因此未能參與，我相信實際的用意是不許我參加這些活動。此行最大的成就是應女兒要求向古天樂索取簽名，我做到了。

康城影展留影

有機會出席康城、威尼斯等大型影展，與本港、內地，乃至世界級的明星、製片和導演交流，但對我個人而言，已是很特別的經歷。我自小迷上電影，父親也是，那時候的電影院非常寬敞，可以容納數百觀眾。我們家住在深水埗的時代，是附近東樂和百老匯戲院的常客，看電影能夠暫時逃避現實，在戲院內不分等級貧富，人人平等。長大後才開始懂得欣賞劇本、對白、演技和攝影手法等，現在我卻鍾情於中國內地、歐洲和日本的電影，不太欣賞荷里活大堆頭、鬥車和特技，僅講求觀能刺激的影片。

工作上我也可以說和影視界有不解緣，自加入無綫電視董事局開始，及後安排該公司上市；在電盈工作時，又辦了 Now TV；由於洽談買片生意，開始和本地電影界熟絡，直至向時任特首曾蔭權提出成立電影發展局和向電影發展基金注資，亦有不少建議得以實現，包括成立電影學院、數碼電影交換平台等，我在影視界服務時最光榮的三分鐘是在 2007 年香港電影金像獎頒獎典禮上，向邵逸夫爵士頒發世紀影壇成就大獎，獎項由兒子邵維銘代領。

父親去世

1990 年，我和太太在度假時接到了噩耗，我父親去世了。父親患有胰腺癌，在香港接受了手術後，轉移到洛杉磯的一家醫院，由二妹和三弟照顧，不久後辭世。我們急忙趕到洛杉磯參加葬禮。爸爸一生都是一個勤奮的人，始終為家庭的福祉而努力。他後來生意失敗要當大廈看更，也從不抱怨；他非常愛孫子們，去世前還為三弟的孩子製作玩具。我從不明白為何父母如此善良和包容，我卻如此衝動和暴躁，一直省察自己的不足。對於父親，我永遠心懷感激。

貿發局逸事

我能當上總裁一職，多少是與當時的兩大猛人推薦有關，他們分別是利國偉爵士和鄧蓮如爵士，利爵士是香港第二大銀行恒生的主席，鄧爵士是太古的執行董事，更是當時政府最高決策機構行政局的召集人。

利爵士在生意上的成功為人熟知，他的嗜好是收藏古典鐘。我在他家裏見過不下十幾座古典大鐘，價值不菲，還要經常上鏈，他也樂在其中，視之為一種享受。

另外一種享受，我們也可參與其中的，就是吃得好。他領導的恒生銀行請客非常講究，每年的秋季蛇宴是香港商界人士期望被邀請的項目。不單在香港，馮先生和我跟他出席在南斯拉夫的世界銀行年會時，他也能找到非常美味的中菜館。

一次在華盛頓舉行的年會更為經典，連廚師也有興趣知道顧客是何方神聖。眾所周知華盛頓餐廳林立，雲集各國菜式，但利爵士獨愛中菜，而且知道有一間餐廳的小炒聞名。於是為期一週的會議我們去了不下七八次。兩三次之後，我們未坐下，侍應已經知道他必點豆角炒鹹豬肉。廚師忍不住從廚房出來，熱烈地和我們握手，利爵士說：「有你就解決了晚餐問題。」廚師聽到當然很高興：「感謝欣賞，從來沒有人會吃這一味吃上一星期！」還要跟我們拍照，但利爵士卻謹慎說：「你會掛照片在門口，我怕出名。」

鄧蓮如女士是英國女勳爵，她不但在政府有影響力，而且目光遠大，擔任香港貿易發展局主席時，已經感覺香港需要一個大型展覽館，於是從政府處獲得一片灣仔海旁填海的土地，獲批在上方興建會議展覽中心。她雖然身為主席，但工作認真非常投入，我偕她到新世界總部和鄭裕彤先生討論此處的投資、大樓興建，以及建成後和貿發局的樓面分配等事宜，表現出她的商業頭腦和為公眾爭取利益的決心。我們從上司下屬變成好朋友，每次到倫敦都盡量爭取和她見面敘舊。她當主席的時候，還邀請到女王陛下伉儷來港為會展奠基、王儲查理斯和皇妃戴安娜來揭幕；她的面子之大，無可置疑。

1986 年，英女王和王夫菲臘親王訪問貿發局，為會展中心奠基，我們決定舉辦一個香港產品展覽來歡迎女王伉儷。然而，我們沒有合適的場地，最後決定使用一個吹漲的巨型充氣帳幕；帳幕來得很晚，而且充氣和空調都出了問題。當女王伉儷出現時，我們不得不裝出鎮定的模樣。帳篷內，親王一直試圖解開領帶，說着：「親愛的，這裏很悶熱。」女王則回答說：「這是熱帶氣候，我們要接受。」然後，他們帶着皇室的涵養，耐心參觀了整個展覽。

上／　女王伉儷出席會展奠基典禮
下／　時任王儲查理斯及戴安娜王妃出席會展開幕典禮

上海

在貿發局期間，我有多次機會在香港以外的大城市工作，留下美好的回憶。我對上海並不陌生，如果說北京是個大官，上海就是個商人。在戰亂時期，她是中國最早被列強佔領的城市，英法等多個國家都想在租界把上海建成自己國家的模樣，反而為上海帶來繁榮和國際化。在 1930 年代已經成為遠東最大城市，絕對超前香港，上海人聰明有效率，女士溫文優雅；「老番」們都極嚮往這城市，香港數家大公司，如滙豐銀行、友邦保險和幾間大型紗廠、製衣廠都源於上海。

我第一次到上海公幹，是在八十年代初新鴻基時代，帶領外商代表團探訪上海工廠，希望談成合作。當時的工廠很多設在外灘淮海路名貴的大廈裏，然而烏燈黑火，環境欠佳。幾十年後，這些瑰寶都被恢復原貌。第二次到上海公幹，是在 1993 年辦投資基金時，代表新鴻基地產洽談一棟商業大廈的發展權，地點在淮海路核心地段。談判桌對面是當時的區長韓正先生，他為人祥和，工作認真，經過努力爭取，終於得到政府同意，把一現成中學的校址改建成為辦公大樓，但要保持該校的門面。今天該處方圓一公里都是香港公司，包括九倉、瑞安、菱電和恒隆，他們紛紛在上海興建摩登大廈，儼如小香港。

第三次往上海公幹，是代表香港地鐵和上海公交公司、上海久事公司，傾談建設兩條新的地鐵綫：明珠綫和申松綫。地鐵在上海設辦事處，委派兩三位骨幹工程人員，執行這個 BOT

（建造、營運及轉移模式）任務。兩條地鐵綫幾年後建成運行，乘客都察覺到香港特色，當時起了示範作用；及後當然是內地的鐵路技術突飛猛進，現時已是世界一哥。

回顧當年朱鎔基先生把浦東發展模型帶來香港，今日的浦東，是超乎想像，實在是本世紀的世界經濟奇蹟，帶起了整個上海的璀璨繁華。民眾安居樂業，晚市熱鬧，買小籠包的人龍超長！外灘的舊建築晚上金碧輝煌，與對岸的東方明珠電視塔、上海中心大廈、金茂大廈等摩天大廈相映成趣。中間的黃浦江有觀光船、運河船、渡輪，「百舸爭流」，羅康瑞先生建成的上海新天地項目，已成為內地夜宵的品牌，每晚擠滿中外人士，飲酒談天。

上海文化氣質渾厚，和平飯店有一隊年屆八十的爵士樂樂手擔任演奏，他們幾十年前已經是小夥子音樂家；又有多處劇院演出古典音樂和戲劇，包括巨型的上海音樂廳；友邦保險也落成美輪美奐的北外灘友邦大劇院，《歌劇魅影》續集正在上演。上海人熱愛文化的程度令我吃驚，一次，我和葆齡到上海，晚上想看表演，酒店前台說只餘下兩張票，是一個莎士比亞學者朗誦的表演。這樣高雅的朗誦節目，我們到場後居然有長龍在排隊等候入場，年青人更是帶着莎翁的原著去觀賞。

日本

第一次往東京，是讀書時代表香港大學出席亞洲大專聯盟會議。那年代出席的日、韓、台等學生代表英文不太靈光，香港代表風頭一時無兩。

畢業後有兩個較頻繁前往東京的時段：一、從事證券業時往日本與證券商野村、日興等交往；二、任地鐵主席及總裁時與日本大型承建商西松、前田等，商討地鐵新綫的建造工程，當時車廂和八達通卡的晶片也來自日本。

貿發局在東京設有辦事處，古田茂美小姐任經理，是我第一次到貿發局任職時已認識的同事。她非常特別，廣東話、普通話一樣流利，而且為人友善，做事有日本人的謹慎負責。我初次見她是在東京銀座貿發局的辦公室，功能和其他世界各地的辦事處一樣，推廣香港產品，亦為香港的各項展覽帶來買家和訂單。推廣的形式，除了貿易代表團帶來廠家之外，還有在各大百貨公司舉行香港產品展銷會。在西武那次最為熱鬧，請來了香港紅星成龍和陳美齡，當場捧紅了香港時裝和設計師，這都是她的傑作。

古田小姐對中日貿易、日港貿易的最大貢獻在於推動日本水產。出口方面，要感謝我們在會展首創的香港食品展，這個展覽和書展及升學就業展覽同一類型，是在暑假期間開放予普羅大眾的展銷會，與傳統服務商業買家的產品展覽會不一樣。食品展的成功，不但是參展商出盡法寶（例如一蚊鮑魚）吸引大眾，也因為這展覽像磁鐵一樣，吸引了國內外世界各地來參展的食品供應商，例如日本、韓國、澳洲等。九十年代，日本食物還未如今天的普遍，而食品展就帶來了各類海產、拉麵等，時至今天香港已成為日本海產最大出口市場，當然部分是經過香港供應內地市場。

每次食品展開幕，日本政府都派來高級官員，連農林水產省大臣也來出席，足見香港市場的重要。而古田小姐又獲得了日本的在外公館長表彰，確是實至名歸。除了推動貿易，她在學術上亦甚有成就，她是中文大學和中山大學的教授。上次我們在日本見面時，她送給我一本描述日本各大公司的起源和發展的歷史書，盡顯她在研究和分析方面的視野。

太太和女兒們都喜歡到日本旅遊購物。值得一提的是，在北海道旅遊時，我第一次發現了滑雪的樂趣！其後每年也一家到札幌滑雪場，而太太的舅舅早已落籍日本，他和家人熱情招待；每次到東京，他的日籍太太和姪女已準備好所有往北機票、酒店、滑雪券等。在東京，我們一家喜歡住宿在銀座的帝國酒店，到三丁目、五丁目逛街吃牛火鍋，到六本木吃魚生，到新宿看街景，到原宿行明治神宮，去上野看櫻花。

新加坡

外公是新加坡人，他是上世紀從廣東南海來的移民，並在牛車水經營旅館，賺到錢後回南海獅山蓋了房子給鄉人，所以我在新加坡有多位舅父和表兄弟。這事母親一直沒有提，直至我出身當公務員後，一天她喚我到身邊說：「我們這一輩人因家產分配嫌隙，沒往來多年。現在你們第二代已成長，應該放下過往，重新認識，就派你當和平大使，去新加坡找你的舅父吧。」

於是，這樣便開啟了一扇門。到訪舅父之後，原來他已是城中成功的律師，有間大房子，嗜好種蘭花，並已培植出幾個品種。兒子都成材，不是成功商人就是律師醫生，其中吳志良（Woffles Wu）是當地有名的整容醫生，媳婦也是著名的眼科醫生；兒子 Patrick 經營名牌化妝品和連鎖快餐店，遍佈內地和東南亞。他們都很高興和蘇家重聚，皆是典型星洲性格，低調隨和及好客。

重遇親戚後，母親還說：「你們一起往鄉下祭祖，看看在該處可以做點甚麼貢獻。」原來外公兒孫多不勝數，遍佈星馬，我們更找到了另一房表兄妹，和馬來西亞的堂弟等。我們最終在獅山把原來的祠堂大翻身，裝了冷氣，成為老人中心和青年圖書室，母親又作出建議：「既然在我鄉下做了這些，你幾兄弟也該回順德碧江做些事。」這就啟發了我們把鄉下的一間破爛寺廟，裝修成老人中心。最近一次回鄉，看見這中心門口泊滿了電單車，裏面上百位老人家在下棋、抽煙、聊天，心中一份溫暖。

我到新加坡和吉隆坡，除品嚐肉骨茶和榴槤之外，更享受了表弟投資的高爾夫球場，他在大百貨設有護膚按摩；也被邀作嘉賓看內地友人贊助的賽車，每次都趁機和當地地鐵公司、機場聯絡。回港後，同事們都笑我的英語有了新加坡口音。

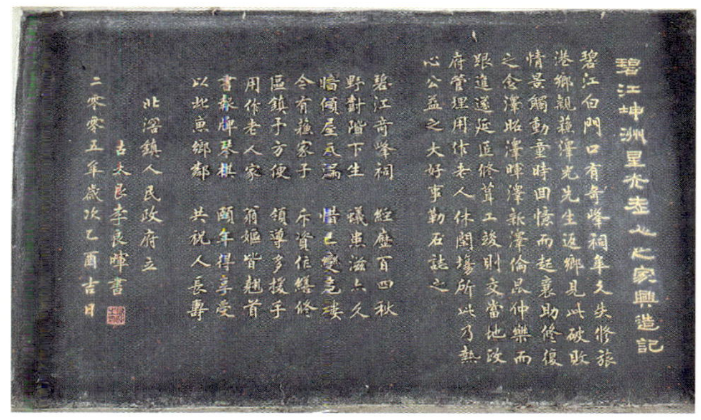

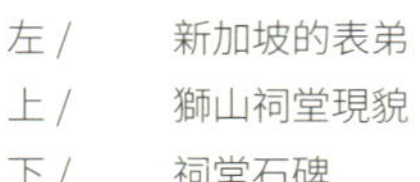
左／　新加坡的表弟
上／　獅山祠堂現貌
下／　祠堂石碑

三藩市

甘迺迪、列根、常春藤大學、高速公路、貓王皮禮士利……美國是六七十年代香港青年人嚮往的國度。我有幸於 1968 年第一次踏足美國，是經過交換學生計劃；其後在紐約待了差不多一年，經營香港股票買賣；貿發局任職時，更在洛杉磯和達拉斯設有辦事處，推廣香港出口；在電盈成立了 Now TV 時，曾經直搗花花公子（Playboy）總部，但可惜看不到拍攝的場景；在地鐵當主席時，更被當時三藩市華裔市長李孟賢邀請做顧問，幫助市政府籌劃市中心的地鐵綫。

當然我與美國最大的羈絆在於父母兄弟，他們在八十年代移民到加州，三弟往洛杉磯開公司做空運，二妹到三藩市當護士，四弟入讀三藩市大學。後來雙親都在美國逝世，弟妹分別在三藩市和洛杉磯成家立室。現在居住美國的三個姪孫兒、兩個姪孫女已是第三代，弟妹環境尚算不錯，比起初到香港時，要弟妹睡在閣仔的模樣，現在則各有花園洋房；雖然都已融入當地社會，但也想念香港，想念順德老家。

在八十年代，三藩市是我們夢中的天堂。貿發局在市中心聯合廣場（Union Square）舉辦香港節，在美斯百貨店（Macy's）內做時裝表演，市長范斯坦女士（Dianne Feinstein）來主持，旁邊華埠的同胞都爭相捧場。

今天的聯合廣場四周都是流浪漢、吸毒者，睡在骯髒的棚裏，到處大小二便，商店都關了門，聽說因為法定刑罰太輕，等同可以隨意拿取商品，是為「零元購」。看來美式民主出了問題，貧富懸殊，兩極化越來越嚴重，但又在世界各地挑起爭端，把大量資源用於購買炸彈大炮，尤其不願見中國崛起，要圍堵、要抵制，企圖推翻全球一體化。說穿了都是政客在生事端，當西方傳媒造謠污衊香港、新疆、台灣時，最滑稽的是，微軟、特斯拉、波音和蘋果等的美國大企業老闆們卻都在中國做公關推廣，以維持在全球最大市場中的營收。

最近我到三藩市探四弟後，又到上海開會。今天看來上海才是天堂，除了現代化建設驚人外，沒有流浪漢，沒有露宿帳篷，豐衣足食，繁華景象處處。

印度與河內

當滙豐銀行董事時，我們曾到過印度及河內開董事會。九十年代孟買給我的印象是，酒店內部就如皇宮，金碧輝煌。街上卻是人滿為患，人、推車、人力車和小汽車肩摩轂擊，人的喧嘩和車的喇叭聲不絕；新蓋的大廈夾雜在無數舊房子貧民區之中。宗教景點舉目皆是，可算滿天神佛。

印度實在分為兩個國度，上等的受高等教育（牛津、劍橋、哈佛），絕頂聰明，億萬富豪也不少，美國的大公司多是印度人做 CEO；但在國內可能是受宗教、種姓制度或其他束縛，貧窮人佔大多數。我們在孟買開會後隨便遊了幾個城市，參觀泰姬陵和其他歷史建築，見到英國人留下來的機場、鐵路等，發覺印度的公共設施還是落後。

有人說印度衛生環境欠佳，我們一行十數人卻無一生病。

反觀另一年在越南河內開會，晚飯後差不多全部人都不適嘔吐，時任滙豐行政總裁鄭海泉先生更要入院治理。雖然如此，越南的法國餐水準甚高，令人驚喜，是法殖民地遺留下來的寶藏，而且在河內離岸邊不遠的下龍灣景色極美。

在貿發局任職時，也曾到訪多個海外辦事處，為了節省成本，在較細小的市場一般是委任當地的公關公司推廣，所以大多很歡迎我到訪。

西班牙

在電盈工作的幾年中，曾到訪總部位於馬德里的西班牙電信公司（Telefónica, S.A.），目的主要是聯同內地當時的中國網通尋求合作，包括西班牙資金投資網通的可能性。未接觸前還未完全理解，西班牙電信基本上控制了全球西班牙語地區的電信業務，主要在南美洲，從墨西哥到阿根廷，都是他們的天下，但是其經營的業務主要還是固網電話，而網通當時作為中國內地富有衝勁的初創，在寬頻基建、網上資訊、娛樂或交易平台，都有極大的市場空間和發展規模，兩者合作是理所當然，而且共贏的。

以往到訪西班牙皆以遊客身份，這次有機會進入當地最大公司之一，與管理層坐下商討嚴肅的商業議題。會議開始時當然是由雙方互相介紹自己公司的實力和願景，西班牙電信希望能藉此進入內地市場，並拉近整個西班牙語世界和中國的聯繫。這個談判在我離開電盈之後，終於修成正果。西班牙電信成為網通的股東，因而間接也與香港電訊建立關係。在開會談判期間，我發覺西班牙的上班一族，英語和辦事能力都是世界一流水平，而且男士都面目俊朗，一表人才；女士則有地中海式的優雅。

另外一次因公幹到西班牙是在地鐵工作的時候，經過投標，機場快綫的車廂從西班牙東北部的鐵路建設和協助公司伊倫車廠採購。工廠規模龐大，位於與法國接壤的聖塞巴斯提安（San Sebastián），產品水平甚高，而價格相當合理，所以能出口到世界各地市場，包括南美、南非等。我和幾位同事很仔細地參觀了幾個車間，包括設計、製件、車架、車輪和車廂的裝嵌，從事機械工程的同事提出了很多問題和意見，對我來說是一個非常有效的學習機會。

忙碌一天在工廠出來後，環顧四週一番，發現原來這是個非常漂亮的城市，山峰白雪蓋頂；心癢癢的想去滑雪，但同事已提醒：「我們要趕五點去馬德里轉機返港。」

在大航海時代，西班牙全靠海航實力領導羣雄，是英美崛起前的世界霸主。哥倫布抵達美洲大陸，開創了全新時代，西班牙帝國開始在海外領地獲取豐富資源，特別在中南美開採金銀，隨着殖民地在各地建立，大量財富運回國內，馬德里、巴塞隆拿等大城市在數百年前迎來黃金時期，最宏偉的建築、教堂、藝術都揉合了伊斯蘭和歐洲哥德式建築風格。葡萄牙也是一樣，十六世紀卡布拉爾到達巴西。此後一代又一代的航海家出使南美，並落地生根，使得當地奉行葡語或西語，西葡風格是當時殖民者的後續。

順帶一提，到訪巴西里約熱內盧那年，剛巧碰上一年一度的狂歡節，舉國歡騰，五光十色的巡遊通宵達旦。當地主人安排了好位置觀賞，但到晚上一點，因為時差緣故，已疲倦不堪，「你要多撐一會，表現會越來越精彩，跳舞的人穿得越來越少，跳得越來越瘋狂。」可惜我就在那裏睡着，被送回酒店。

內蒙

擔任華潤電力董事也為我帶來旅遊驚喜。探訪新疆的太陽能工業園，太陽能板一望無際，佔地幾個平方公里。從烏魯木齊可以到天山和附近的天池等景點，水果、羊肉料理一流，維族區一片興旺，俊男美女喜愛唱歌跳舞。現代建築處處，鐵路、機場等基建水平極高，可見是中央特別重視的地區。

到內蒙古的京能電力五間房電廠參觀風電站，該處有另一番景色，大型的風車佈滿幾個山頭。另一面是風吹草低見牛羊，住蒙古包的牧人早已搬入一排排的新屋裏，不少已是百萬富翁，不過令我更深印象的，是風電站下面的地下城，無數廣闊的地道四通八達，儼如小城市。蒙古男士粗獷熱情，女士一般主內持家，也是理想的社會和諧制度。

溫哥華

九十年代最熱門的港人熱點是溫哥華，冬天可滑雪，夏天可打球，而且城中香港朋友眾多。列治文（Richmond）地區就如小香港一樣，街頭廣告中文處處，茶餐廳、麥奀記雲吞麵一應俱全；馮景禧的大兒子馮永發建了一個大型商場時代坊，內裏全是我們熟悉的餐廳和商店。他也是傳媒大亨，擁有報紙、電台和電視台；馮先生的女婿何定國做名車代理、航空及種植園生意；另一朋友陳先生是香港品牌鱷魚恤的後人，在北美多個城市做地產生意，他在溫哥華擁有多個高爾夫球場，更在慈善事業上有很高名望，曾向溫哥華美術館捐助新館，更創下卑詩省迄今最大的藝術捐款。

每次到埗，不愁寂寞，香港的朋友都喜歡舉家新年去度假滑雪，在惠斯勒山住滿了幾個酒店。日間在藍天白雪間滑翔，晚上都到林建岳的酒店吃火鍋唱卡啦 OK，樂透了。其時當地省督林思齊也是香港移民，我們在 1994 年的英聯邦運動會上重遇，也到過他的官邸，位處省會維多利亞，山明水秀，氣候怡人，怪不得是香港移民熱門地。高級住宅大多由華人擁有，包括內地及台灣移民，其中有些人離不開家鄉熱鬧，把草地花園鋪了石屎，開幾台麻雀耍樂；富二代的名貴跑車亂泊，曾引起當地居民不滿。我最喜歡的行程是坐國泰直航早機到埗，即坐巴士上山滑雪、浸溫泉，幾日後回到城中。一般住宿在列治文的喜來登三星級酒店 Four Points，好處是對面就是翠華和麥奀記，按摩推拿在街頭。

泰國

另一個旅遊熱點是泰國曼谷，其時內地還未盛行高爾夫，最方便的境外球場是新加坡或曼谷，後者有著名的布吉藍峽谷鄉村俱樂部。天氣雖然炎熱，但景色怡人，食品美味；而且朋友也聚在這邊，大企業都在華僑手中，如盤谷銀行和 CP 卜蜂食品。從事證券的那些年，由於盤谷銀行老闆陳弼臣是大客戶，我和他的助理溫差先生混熟了，後來通過他的介紹認識了不少當地富商，在地鐵時和 CP 卜蜂公司簽了合同，擔任在曼谷建輕鐵和地鐵的顧問，也派了幾位同事到當地，其中一位是張小姐，成為了當地公司的總經理。

最近一次我跟李家超特首訪問泰國，不少華裔商人到了泰國經商，都會取個泰文名字，所以只看名單並不知道賓客是誰，直至入席抬頭一望：「咦，你不是黃老闆嗎？」他說：「我們做過你公司曼谷輕鐵的顧問。」原來他跟林建岳是好朋友，亦經常接觸。黃老闆說到他獲得在巴堤雅改建新機場的專利權，晚飯時談到香港機場可擔當他的顧問，後來對我倆說：「你們在這裏不要吃太飽，我在樓上留了『好嘢』給你們！」果然所言非虛，樓上一桌均是山珍海味。

我曾投資內地電影公司「歡喜傳媒」，並在 2012 年推出喜劇《泰囧》，自嘲一位不識規矩的內地遊客在曼谷出盡洋相的笑話，該電影不但成為中國內地當年最賣座的電影，更掀起一股內地遊客往泰國的熱潮。那次特首訪泰的官式晚宴上，我在教育部長面前說了這往事，她也表示對電影有印象。

第八章

私募基金

貿發局任期即將結束之際，郭炳聯來找我：「Jack ，你在貿發局工作多年，熟悉內地市場，不如我們聯手在內地發展，你有甚麼想法？」

當時郭氏家族龐大的地產帝國遍及香港和海外地區，唯獨尚未進入中國內地市場，希望可以試行一些先導項目。我沒有即時答應他的提議，深思熟慮後，與郭氏兩兄弟說道：「建議籌備一個私募基金，由新鴻基地產做大股東，我想辦法籌集所餘份額。」郭炳聯答道：「好主意。公司未有在內地經營項目的經驗，這樣的私募基金可以令同事有所收穫。」

這對我而言也是個大膽的嘗試，籌集私募基金與創業無異，而且更要在不熟悉的地產行業投資一個新開闢的市場，即使有新地做靠山，但始終回報是在投資成功的盈利中獲得，項目能否盈利卻是未知之數。

首個要克服的挑戰是如何籌集資金。在新鴻基證券工作時，不論在倫敦、紐約的辦事處都經常與基金經理接觸，我相當仰慕他們的本事。基金有所謂「2+20」的方程式，即是說基金管理公司可獲投資總額的 2% 作為管理費酬金，如項目賣出或成功上市，這些投資收益更可收取 20% 的分成。

我希望在內地一展身手，新地也可以作少量投資，在這龐大市場投石問路。事實證明他們做對了，今日的新鴻基地產已經是內地市場的投資大戶，每個大城市都擁有不少最佳位置的地盤，投資遍及商場、辦公大樓及住宅項目。

經營私募基金的三年多時間，為我帶來與內地官員洽談項目的經驗。我的角色與以往在新證及貿發局不同，這次以「半個老闆」身份談生意合作，而且有作出決定的權力，肩膀上的責任當然亦增加了，經營蝕本要向股東負責，這樣的磨練反而增加了自信。

到中東遊說投資

終於由新鴻基地產牽頭持有控股，餘下份額由海外基金持有，融資分幾期進行，並有部分通過銀行處理。這是個難得的機會，我迅速組建了一個團隊，與我的好朋友、前巴黎銀行同事米萊先生一起籌集資金，甚至到中東遊說投資。

最終，這計劃引起了洛克菲勒基金會（Rockefeller Foundation）和幾間歐洲銀行的興趣。歐洲銀行主要由法國的Banque Worms牽頭；而基金就由洛克菲勒在香港的代表和我們商談，他說：「我們基金規模龐大，在全世界基金都有投資，唯獨中國對我們而言是新市場。我喜歡你提出的短中長期方案，而且你們有新鴻基地產作為主要股東，會作少量投資以認識及習慣當地市場，為日後鋪路。」

到中東當然要米萊先生所屬的巴黎銀行幫助安排一些主權基金，例如世界上最古老的主權財富基金科威特投資局（KIA）、負責管理阿拉伯聯合大公國阿布達比的阿布扎比投資局（ADIA）等見面，以介紹我們在中國的投資機會。這些基金的負責人都是中東貴族，有頭有面，斯文淡定，而且多是海歸派。

到訪中東地區真要入境問禁，以免觸犯禁忌。我們一行三個同事初次入境阿布札比，其中包括一個女同事，到前台時才知道當時是不允許獨身女性獨居一個房間，在互相禮讓之後，我被迫勉強和女同事同房間。幸好我和他的丈夫是好朋友，當時立即掛長途和他說明；當晚我就睡在地上，一宿無話。

最近一次到阿布扎比，也是經一事長一智。到機場入境時，被當地官員問：「你上次入境是哪一年？」我卻印象模糊，就隨便說 1991 或 1992，他翻了翻護照說：「你的護照並沒有出境蓋印。」我卻頂一句：「我沒有看，那是你們的問題。」他顯然不高興了，把我帶到一個小房間等待。豈料一等就是一個小時，而且護照被拿走了，也不知他是甚麼名字；樣貌都是一樣包頭長鬍子，甚為難辨，實在有點害怕。還好有電話在身旁，便告訴領隊，他回來說了一聲便放人。得到的教訓是不要在機場和入境人員理論。

投資上海淮海路

基金隨後開展業務，並和新鴻基中國合作。我們的短期目標是翻新一些舊的購物中心以獲得即時現金收入，長期目標是在北京、上海和廣州等主要城市進行較大規模項目。朝着這兩個互相銜接的目標，我們忙着與內地不同的合作夥伴交流。

短期目標看起來不難，但實際上在第一波中國熱潮中，好位置的項目非常搶手，最終只能在佛山和北京天壇附近做些小項目。搶佔大項目更困難，因為似乎整個世界都同一時間察覺到中國無窮的潛力，爭相競投。我們看上了上海淮海路的一個地鐵站旁邊地的開發權，坐在談判桌對面的，是時常面帶微笑的現任國家副主席韓正先生，當時他是盧灣區的區長。

韓區長溫和地對我們說：「我們非常歡迎由新鴻基牽頭的基金來盧灣區投資。這幾年，香港大型公司都在淮海路準備興建多棟寫字樓及商場大廈，差不多把淮海路變成一個小香港商業區。相信你們亦會在這一帶發展項目。」我回答道：「我們心目中是想在淮海路、西藏路地鐵站旁邊選址。經過一番研究討論，還是看中了一間已結束的中學校址，叫比樂中學。」韓區長說：「你們的眼光不錯，這是一個城中旺地，但我有一個條件，就是希望你們能夠保全這所傳統中學的建築特色。」我和新鴻基的建築師縝密策劃如何在新大廈建築容納比樂中學的門面，最後接受了韓區長的條件。

接下來，我們的任務就是與區長以及他的團隊詳細傾談條件，例如建築面積、補地價的金額、清拆賠償等等。經過幾個月的傾談，終於達成協議。韓區長除了擁有友善的臉龐，還有精明的頭腦。當時他正忙於清拆大量舊屋，以興建上海多條跨城天橋和高速公路。今日上海大部分經過浦西中心區的交通網，都是當時定下了的規模。

韓區長執着要保留這所中學的整個結構，因該建築的前身是法租界公董局，有歷史文化價值，只可以在上面蓋高樓，項目完成後，是為今天的上海中環廣場。最近我住宿附近酒店，順路回去一看，中學的大堂已是小商場，現代咖啡店快餐店非常別緻，不但盡顯新舊對比，並已成為獨樹一格的建築，令我感到非常自豪。想起我的母校，喇沙原來的宏偉校舍已被拆掉改建豪宅，頓時感慨萬千。

上／ 比樂中學近貌（現中環廣場）

下／ 上海外灘

1990 年朱鎔基第一次以上海市長身份來貿發局招商，並展示了一個幾十幢摩天大廈的模型。當時人們心中都有懷疑，如何把浦東的農地和破爛工廠變成曼克頓？到本世紀初再看浦東時紛紛感到驚訝，時至今天更是超乎理想。外灘差不多兩公里長的古老建築羣，尤其在晚上亮起燈光，就像一棟棟金黃色的雕塑，這是上海保育的奇蹟。數十年後外灘華麗變身，不獨是外灘，上海各區、前租界、城隍廟等都是保育活化的表表者。

目標翻新南方大廈

第二個發展機會出現在廣州。我們最初是想把一間舊的鐘錶廠開發成住宅項目，隨後將目標放到翻新位於江濱的南方大廈。當時的廣州市長黎子流是內地成功人物，他由農民做起，為人能幹，而且能言善辯，改革開放後平步青雲，當上市長。他來自順德，講普通話時有順德鄉音，很多時弄出笑話。例如說「教育子女」，變成「教育妓女」，我也是順德人，所以聽他的普通話不成問題。我的心願是說服黎市長讓我們翻新南方大廈，該大廈已有數十年歷史，當時大廈內是市中最有地位的國營百貨公司，樓上各層都是國營機構的辦事處。

大廈內部日久失修，我對黎市長說：「政府可以保留大廈業權，我們只需要得到一個長租約，然後我會出資把大廈全部翻新，下面仍然經營百貨，服務大眾，但會公開招聘一家較新型或外來的經營者。」他想了很久，終於說：「好主意，我們廣州市亦需要吸引外資，也要將零售業現代化。給我一些時間去說服現有的單位吧！」在此之後，我們在中國大酒店多次藉喝咖啡見面傾談，可惜最後無功而返。原來當年南方大廈的長期租戶都是國營單位，他們覺得經營舒服安逸，不願搬出。

回顧當年的投資，風險其實很高。我們走得太前，中國經濟還沒有完全準備好，加上在八九年北京的風波後，外國投資退縮了一步。九十年代初，內地經濟進入一段低迷時期，已經談好的幾個項目最後由新鴻基地產接手。從這次經歷中，我得到了寶貴的教訓，成功的投資除了努力和眼光，還要靠一些運氣，才可掌握時機。新鴻基地產的業務具有持久力，輕鬆度過了困境，隨後壯大了在中國內地的投資組合，如今是中國最大的發展商之一。

時至今日，南方大廈依然保留原樣

在上海做生意時，認識了好朋友羅文彬。他在上海人脈廣，給我介紹各種投資機會，隨後的幾十年也和他亦師亦友。彬哥熱心做地產買賣，也熱愛各種娛樂，特別是高爾夫球、唱歌、旅行、出海等活動，我們一班朋友都參加過他悉心安排的娛樂活動，幾十年來他都是我們的組長。

我到過香港、紐約和倫敦的金錢坑，見盡了人們如何在名利場中浮沉起伏，一朝發財，一夕破產。雖然我比一般人獲得更多機會，但銀行存款並沒有直綫上升。幸好即使大財富沒有降臨，職業機會卻接踵而至。在我結束私募基金的時候，獵頭公司又打來電話，他們正在尋找一位政府和商業經驗俱全的人，而我再次被推舉為最佳人選。

內地營商

在小學時代離開廣州後，第一次回到內地是陪同新鴻基證券老闆馮先生到上海。那時他已和上海市政府合營建造了上海第一棟現代寫字樓，地點在外灘後面的兩條街，名叫聯誼大廈，也有大約三十層，1985 年開幕時當時的市長汪道涵也親自出席。及後我也在新鴻基旗下的新鴻基中國參與了一些業務，例如促成廣州的中國大酒店成為第一間外資投入的現代酒店，期間也參加了在上海及北京談判作為外商代理的事宜。我在每個服務的機構公司都有牽涉到在內地開展的投資活動，包括貿發局、私募基金、地鐵、電盈以至機管局，可以說，親身經歷了整個改革開放的過程。

改革開放源於 1978 年的中共第十一屆三中全會，肯定了「實踐是檢驗真理的唯一標準」的原則，開啓了鄧小平年代。改革開放以「摸着石頭過河」的務實精神，逐漸引入市場經濟。

1985 年鄧小平「讓一部分人富起來」的談話，讓沿海城市加快發展，讓億萬人民步入小康，縱然改革開放的歷程亦非平順，但 1992 年鄧小平南巡時在順德的一句「發展才是硬道理」，讓改革開放堅持了下來。自後逐漸發展中國特色的社會主義。數十年來一波又一波的浪潮是史無前例的改革，多年來壓抑着的衝勁、創意以及造富造強的國人本性，爆炸性地釋放出來。全國各地都忙着開公司、創業、做地產、做小經營，白小老闆變大老闆。經營的廠房涵蓋製衣、家具、電子、鐘錶及玩具等各行各業，除了通過香港貿發局的展覽會取得訂單，還有廣州規模龐大的交易會，不少常設的小商品市場也因而興起。義烏市場舉世聞名，中國成了世界工廠。

隨着國民收入提高，地產業也拔地而起，還記得八十年代初到內地，連的士司機也在口袋裏拿出一份地產意向書，詢問我們有沒有興趣。過分及過快的發展帶來問題。改革開放初期，在監管、法治及會計制度的標準化方面尚未完善，不時發生問題，正中了所謂「一管就死，一放就亂」的描述。九十年代多間信託公司，因為過度放款，壞債纏身，最後要中央政府出手拯救。似乎疫情後的內地地產債務危機，又是另一次過分無序擴張帶來的災禍。

回想起九十年代在內地做生意，多笑說：「這個問題嘛，要研究研究（普通話「煙酒」諧音）」，必定要煙酒俱備，通常晚飯桌上擺三隻酒杯，分別是紅白酒和茅台。要做生意先做朋友，而做朋友的熱誠應該在互相「隊酒」，勁飲豪情中表現。我的酒量一般，所以每次出席晚宴必然帶上一兩位海量的同事作為擋箭牌，讓我安然度過每一個晚飯。那時候吸煙也非常普遍，特別是進口煙表現身份，桌上的主人會將一支支煙遞給在座賓客，你說不吸煙也沒人相信，只好勉強抽兩口。幸好這些習慣近年來式微，反而注重健康，戒了煙也戒掉豪飲的習慣。另外一些當時的生活方式，例如週末舞會等都已絕跡了。

第九章

地鐵主席

1995 年，我獲委任為香港地下鐵路公司主席兼行政總裁。香港地鐵是世界上效率最高的運輸系統之一，當時每天在僅僅一百公里的軌道上接載三百多萬乘客。

1989 年，時任港督決定於大嶼山赤鱲角興建香港國際機場及多項配套工程，其中包括機場鐵路（機場快綫和東涌綫），組成香港機場核心計劃（Hong Kong Airport Core Programme），又稱為玫瑰園計劃。這個規模龐大的基建計劃，以國際機場為核心，目的在鞏固香港作為國際航空樞紐的地位，奠定香港在二十一世紀的面貌，十項主要工程包括：香港國際機場、機場鐵路、青嶼幹綫及青馬大橋、北大嶼山快速公路、西九龍填海計劃、西區海底隧道、三號幹綫、西九龍快速公路、中區填海計劃第一期工程及發展東涌新市鎮第一期。

上任之初，地鐵正在爭取批准建設機場快綫。當時地鐵系統已經運營二十年，英國正準備在兩年後的 1997 年將香港歸還給中國，正處於交接的過渡期。機場快綫的提案斥資甚鉅，有輿論認為這筆錢將會落入英國承包商的口袋中，相當於贈英國人一份送別大禮。

除了資金問題，當時社會上還有不同反對聲音，指機場鐵路有違環保，是不切實際的大白象工程等。我有幸參加不少基建項目，都遇過同樣的批評和挑戰。基礎建設一般屬龐大投資，為應付社會發展日益增加的需求而建，牽涉長遠公共利益，動輒五十年、一百年。

機場快綫是今天連接香港國際機場及香港商業中心區最快捷的交通工具。機場快綫全長 35.3 公里，是世界上少有從市中心直達登機大堂的集體運輸系統，旅客可在香港站或九龍站辦理登機手續，在市內即可完成行李托運，體驗可說是無與倫比。除此以外，機場快綫與東涌綫共用同一軌道系統，東涌綫七個車站（香港、九龍、奧運、南昌、荔景、青衣及東涌站）大多有上蓋物業，等於創造了數個新社區；而後來增建的欣澳站轉迪士尼綫往迪士尼樂園，更是迪士尼選址香港的先決條件。

不需動用公帑

為預備 1997 年香港回歸，中央政府在 1985 年成立了基本法起草委員會，起草《基本法》，將香港設為特別行政區，訂定特別行政區政府的功能和權力。我的首要任務是到北京請求委員會批准興建機場鐵路項目。參考過往在貿發局建設會議展覽中心的公私合作成功經驗，在請求批准機鐵項目時，我游說政府，項目不會動用政府資金，地鐵只需獲得車站上蓋的物業開發權，這不僅可以為鐵路建設提供資金，還能為公共財政帶來可觀的補地價收入。

草委會上有委員提問：「這工程需要投資三百四十億，香港已經在赤鱲角和香港機場核心計劃（玫瑰園計劃）的高速公路和橋樑作大量投資，基本上解決了交通運輸問題，還需要加上這條昂貴的鐵路嗎？而且聽聞工程由英國和澳洲承建商取得的機會甚高，這龐大金額大多是落到他們的袋中，那不是回歸前『撈一筆』嗎？」我回答說：「這偌大的新機場，將來服務的旅客數量會達到啟德機場的三至四倍。要解決機場交通問題，最有效的方法是集體運輸，機鐵一列卡車可載上幾百人，行駛速度更可達時速一百三十五公里，能在二十四分鐘內抵達中環市中心。」

另一位委員再提出質疑：「未來特區政府要嚴守謹慎理財的原則，不能動用大批公款建造大白象。」我回答：「我們的計劃是在同一套軌道系統並列行走東涌綫，服務七個車站的不同社區，可說是一箭雙雕。我提議只要各位同意給予地鐵站上蓋物業發展權，地鐵公司就可自行融資，以未來的利潤自行還款，不需要動用公帑。」相信就是這句話，打動了委員的心，覺得「從無到有」是一個好主意。

我的團隊就此再進一步交上更詳細的計劃，最終說服了委員會，也打消了大眾對「送英國人大禮」的疑慮。

在這次初步成功的鼓舞下，我在地鐵公司的八年任期內做了幾件事情。同事們在我 2003 年告別時，一一列在地鐵通訊刊物上，項目包括：

一、機場快綫和東涌綫

二、國際金融中心（IFC）和環球貿易廣場（ICC）

三、昂坪纜車

四、迪士尼綫和將軍澳綫

五、八達通卡

六、地鐵有限公司上市

七、車站改進和月台幕門工程

八、在內地和其他國家建設地鐵

一九九七年九月一日
推出八達通卡

一九九八年六月及七月
機場鐵路投入服務

二零零零年十月五日
地鐵股票上市

二零零零年六月十六日
加建月台幕門

翻新車站和車廂

二零零二年八月十八日
將軍澳綫通車

香港最高建築物

顧問服務

竹篙灣鐵路綫和吊車項目

《地鐵特刊》，題為「合力攜手創佳績」

當年有六位執行總監，每位負責特定的職能，在不同崗位上推動項目。整體而言，同事都非常專業，工作態度認真，但初期還是不得不清除一兩位過於舒適的「植物人」。及後管理團隊相處融合，每年我都會邀請他們和家人一起到澳門，商討未來一年的戰略。

到任地鐵的第一周，已出現好兆頭。一天秘書問我，李嘉誠先生想明天早上來看你可以嗎？九十年代李先生已是商界的天王巨星，特別是地產界。之前在新鴻基證券，我和他也有一面之緣，但並沒有機會跟他學習。

於是第二天早上我在門口等着，他笑容滿面：「恭喜，你是第一位華人當上地鐵主席，我們以後有機會合作。」幾年後通過公開投標，他的長江集團以價高者得方式，奪得青衣站上蓋的發展權。

即使學不到他的商業才華和精準目光，也想模仿他彬彬有禮的待人態度。到長江中心午宴，他必會遣下屬在樓下等着，完畢之後他親自送到上車。這香港首富也非常喜歡小孩，一次我和兩個孫子到深水灣吃早餐，碰到李生，他不但要結帳，還和當時七歲及九歲的兩個頑童拍照。當然我和李家的關係，也伸延到為李澤楷管理電訊盈科的幾年。

地鐵公司的舊總部當時正在重建，臨時總部設在觀塘宏開道的其士商業中心，好處是毗鄰車廠，但始終不是地鐵物業，後來終於在德福車廠上蓋，與恒生銀行合作建成一棟辦公大樓，各分配十層辦公。正式搬遷前發生一個不大不小的爭拗，恒生銀行要在大廈外牆懸掛其徽章，理由是該大廈是他們的投資，但我們亦堅持發展權由地鐵擁有，所以應該是地鐵大樓。

當時恒生的主席是與我亦師亦友的利國偉爵士，他請我到恒生頂樓食著名的蛇宴，對我說：「大家是好朋友，一定會找到解決辦法。」我說：「同意，但要顧及我的員工的強烈反應，認為應該突出地鐵的標誌。」午飯吃完前，終於同意一個兩全其美的方案：在不同方向安裝上兩間公司的標誌。

這次的討論亦帶出了另外一個問題，就是當時的地鐵標誌沒有統一的標準，筆劃的大小粗幼隨意。這時候我們的商務總監羅保提出，應該定下一個必須遵守的規格，適用於所有地鐵站及地鐵商場。除了這個提議之外，羅保還在其他方面作出貢獻，包括統籌八達通卡的軟件設計，構思在香港站和九龍站辦理航班登機手續等，貢獻良多。

地鐵標誌

建造機場快綫

在機場快綫終於獲得批准後，我們立即開展鐵路的建設工程，同時進行鐵路沿綫的車站上蓋地產開發工作，設計、招標和簽訂合同等的工作都非常繁重。

每個車站上蓋各分作幾個區域招標，而大致上的設計是由地鐵公司地產部統籌，每個區域的建築物，包括住宅、酒店、辦公大廈和商場等，都是招標內容。經過兩次公開招標，每個投標的地產商在第一輪都要交上詳細的設計內容和財政預算，包括如何和地鐵分成。令我印象最深的是香港站及九龍站上蓋建築，它們的塑膠模型陳列在我的寫字樓多時，每每看着它，所憧憬出來的發展模樣，都令我感動莫名。

地鐵按時按「值」完成了整個項目，這確實是難得的榮譽。機場鐵路進行測試的最後階段，政府對公司施加了巨大的壓力，要求提前開通鐵路以遷就一些重要人物訪港，而我堅決反對在未完成全面測試前就開始營運，甚至提出請辭。員工們都知道這一點，他們非常欣賞。相比之下，新機場卻遵循了要求，陷入了一片混亂，花了幾個月的時間才得以解決。1998 年 7 月 6 日機場快綫正式通車。

發展上蓋物業方面，如我所承諾，鐵路的房地產開發不僅為建設提供了資金，還為地鐵公司和政府帶來了豐厚的收入，以至公司被認為適合上市。地鐵上蓋物業發展是香港的一個特色，我們設計的車站橫切面如下：

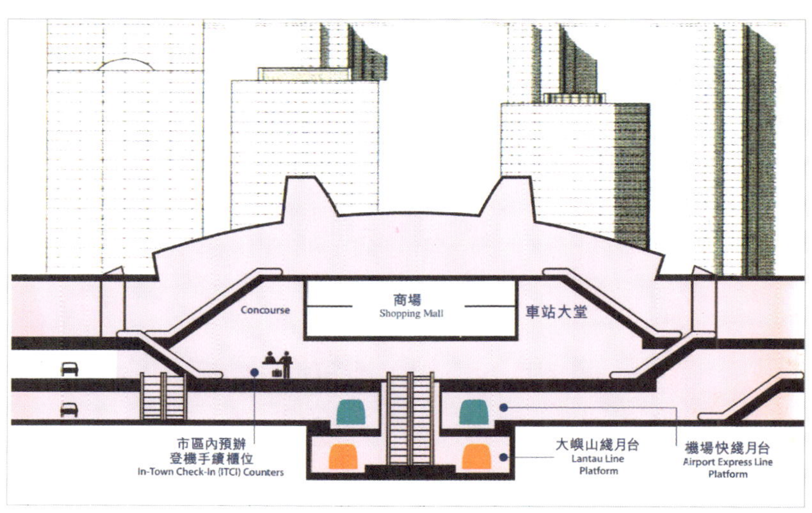

九龍站綜合商住交通總匯示意圖

裙樓和塔樓可以蓋在車站上方，不需另外打樁，而車站本身的外牆堅固，不傳震、不傳音。好處在於地鐵每一個站都能成為一個社區，在上蓋物業居住或工作的人羣都受惠於四通八達的便利，他們就是鐵路的客源；而發展商有見及此，也踴躍爭取上蓋物業發展權。地鐵公司通過公正透明的投標過程，和奪得標書的發展商合作，通過利潤分配或建築樓面分配獲得報酬。其中地鐵所獲分配的 IFC 停車場及辦公大樓樓層、ICC 的商場等，已成為地鐵永久物業，帶來持久租務收入。而將軍澳綫延伸的日出康城站，已成為龐大的日出康城社區，尚未完全發展，潛力無限。

左 / 機場快綫正式通車

上 / 胡錦濤乘坐機鐵

下 / 地鐵總監車廂合照

國際金融中心（IFC）和環球貿易廣場（ICC）

IFC 和 ICC 這兩個龐大的辦公樓項目，坐落香港站和九龍站，分別樓高八十八層和一百零八層，守衛維多利亞港南北。

香港地鐵的車站上蓋物業發展模式，能營造出雙贏的局面，現在已為國內外多個城市仿效。但當年，我向廣州地鐵及

北京地鐵介紹這個方案時，他們都因為鐵路和房屋分別由不同部門管理，而不獲採納。

IFC 以香港站四十米深的車站外殼作為地基，地面為交通交匯站，包括巴士總站和的士站。地下最底層是鐵路月台，上方兩層是過千車位的停車場；地面一至三層有近百萬呎裙樓作為商場，上方是幾幢不同性質的塔樓，包括兩幢寫字樓和五星

維港兩岸 ICC 及 IFC

宣佈 IFC 的記者會

級四季酒店；這設計後來成了其他鐵路上蓋物業的樣板。

IFC 作為港島最突出地標，其命名過程也經過一輪辯論，亦曾得到一兩位地產大亨的垂青，希望命名為某某中心。後來最終的決定還是以香港利益為依歸，就叫國際金融中心，可惜這名稱當年沒有登記專利，後來在內地各城市陸續被採用。

而九龍站上蓋分為五個區域，分別為四個住宅區、兩間五星級酒店、一百零八層的環球貿易廣場（ICC）辦公大樓，加上一百萬平方呎的基座商場圓方（Elements）和近九百個車位的停車場。投標的時候碰上香港另一個低潮，地產市場仍受 1997 年亞洲金融風暴影響，地產部的同事對我說：「這次投標不會熱烈。」我不以為然：「我在貿發局也遇過會展項目投標冷淡的

建議 ICC 加高樓層

情況。九龍站是個地標性物業，將來與香港站的國際金融中心（IFC）相呼應，是海港兩岸的守門神。我絕對相信，有大型地產商有興趣。」最終吸引了新鴻基地產作出投資，並把樓面集中建在 ICC，完成了我心目中維港兩岸一對守門神的理想。

IFC 和 ICC 招標時香港經濟環境未如理想，情況與興建會展中心時相似。最終恒基、新鴻基和中國銀行合組的財團中標興建 IFC，而新鴻基地產則中標興建 ICC 。

IFC 第一期在 1996 年建成，剛好遇上香港 1997 年後的經濟低潮，辦公室和商場舖位都滯租，當年金融管理局以一萬元的呎價購買最頂兩層，也被批評耗費過高。辦公室租務方面最終由瑞銀帶頭，要求較長的裝修和免租期。商場舖位被丟空差不多兩年，有集團投資者覺得吃不消，提議拆細出售，我代表地鐵作為股東之一大力反對，並以附近環球大廈商場因拆細出售，淪為市集為例，引以為鑑。在熬過困難的兩三年後，整個國金計劃成為中環的黃金地段，租務及租金都極為理想。在九龍一側，當時住宅單位的銷售非常緩慢，我們與開發商都同意降價促銷。今天這些住宅價錢也升了好幾倍。

IFC 和 ICC 項目都取得了巨大的成功，開發商賺取了豐厚的利潤；香港人不費一分公帑，免費獲得了機場鐵路；政府得到約數百億的補地價；而港鐵則從分享收入或樓層獲得了可觀的利潤。由此，地鐵公司建立了可觀的租金收入基礎，同樣的開發模式也適用於其他支綫，地鐵因而獲得了大量土地儲備。有人說 :「地鐵一到，就等於開發一個新市鎮。」這話回頭看來，毫不過分。機場鐵路所帶來的物業發展，遍佈各車站，每處產生數千個住宅單位、數百萬呎商業樓面和為數不少的停車場車位。

當年朋友都喜歡取笑，地鐵以經營鐵路為幌子，實則是在經營地產。仍然記得我辦公桌上放着的 IFC 和 ICC 綜合塑膠模型，時常感受到將它們變成現實的激動。直至二十多年後的今天，每每依着維港的欄杆遠望，眼睛無法忽視這兩座高樓大廈。我參與了它們的建設，深感榮幸。機場快綫在玫瑰園大型基建計劃中起重要作用，更緊密配合青馬大橋和新機場運作，可算是開闢新紀元。後來時任三藩市市長李孟賢 (Edwin Mah Lee) 更邀請我作市長顧問，幫助策劃當地地鐵新綫。

在探討如何推廣機場快綫的時候，發生了一件頗具趣味的小事，也算發掘了我的廣告才能。當時我們與廣告商討論機場快綫的電視廣告，其中的幾個想法都略為傳統，然後我提出了一個想法：「不如做一個電視廣告，展示乘坐機場快綫到市區，就如整個機場被放在駁船上，被拖返中環一樣迅速？」他們喜歡這個簡單直接的想法，這個廣告後來更獲得了獎項。

地鐵上蓋物業對市民的方便，也令我構思出一個電視廣告：列車駛入大廈，打開車門便是客廳，或打開車門就是會議室。當時只是一個遐想，想不到這個構思在重慶已經實現，列車駛入大廈，蔚為奇景。

上／　擔任三藩市市長顧問
下／　機場快綫廣告

機場快綫早期的客量並不理想，我們對投資回本期有些擔憂，開始集思廣益，想辦法增加機場快綫的使用率。多年來，我受到馮景禧先生的影響，無論到何處上班，都會在周末帶同事出海，在船上隨意聊天、放鬆心情。我發現這種集思考與遊樂一身的方法非常有效，許多獨特而有用的巧思都因此誕生。有一次，我們在船上隨意在一個信封背面畫出了可能在大嶼山上建設的景點。構想了一個主題公園、一座通往寶蓮寺和大佛的纜車，還有一個賭場。我們將賭場的構思呈給當時的行政長官董建華，他又帶着這提案去了北京，得到的答覆是：賭場行業應留給澳門。而信封上浮現的其他項目，包括纜車與主題公園皆逐步實現。那具有歷史價值的信封今已失掉，但那天在船上的同事們多年後還為此津津樂道。

昂坪纜車

纜車是在遊艇上和年輕同事寫在信封上的其中一個構思，起源要追溯到在澳洲凱恩斯（Cairns）度假的經歷。我和太太乘坐此地世界聞名的架空索道，穿越深廣的熱帶森林，太太坐在旁邊，通常不言不語，忽然說了一句：「在大嶼山，如果可以乘坐纜車直達昂坪的寶蓮寺和大佛，將是一個好的旅遊景點。」我答道：「我都有同樣想法，不過被你搶先說了。」從此便開始思考在大嶼山實現這個想法的可能性。

既然要發展纜車，那纜車通往的景點必須獨特。於是我提

上／　簡介昂坪纜車計劃
下／　昂坪 360

出建設一個以佛教為中心的景點，在內設零售店和餐廳，並花了不少工夫說服寶蓮寺接受這個計劃。起初，寺院的代表似乎為寺廟周遭商業化感到不安：「有纜車上山，當然是好，但我恐怕會破壞佛門靜地。」話鋒一轉，說：「你要清拆多處地方，一定要做出適當賠償。」與此同時，我留意到他正用手機用英語進行股票交易，是佛門人，也是具有商業頭腦的生意人，他在維護寶蓮寺利益。

補償方案談妥後，纜車項目啓動了，澳洲公司通過競投獲得建築合同。地鐵公司委託 Skyrail-ITM（香港）有限公司營運和管理項目，雙方簽訂二十年合約。其後在一個場合，時任政務司司長曾蔭權與我坐在立法會休息室，他即將要發表重要的講話。當時，香港正處於經濟衰退和沙士時期，形勢嚴峻，他突然轉向我說：「給我一個能夠振奮人心的話題。」我回答：「昂坪纜車。」他全心認同。這項設施如今稱為昂坪 360，是中外遊客必到的景點。

迪士尼綫

迪士尼綫只有幾公里長，是興建香港迪士尼樂園的條件之一，而主題公園也是其中一項在港船信封上出現的項目。許多城市都希望興建迪士尼樂園，僅大中華地區，已經有上海和成都正積極計劃着，當時政府負責談判的是一位英籍公務員，他認為需要在談判桌上表現強硬，但迪士尼是世界上最高傲的公司之一，結果政府和迪士尼公司雙方互不退讓，很長一段時間都在討價還價，談判陷入停頓。

我朋友呂元祥是香港有名的建築師之一，他是美國麻省理工學院的高材生，一次到澳洲開會剛好碰到他，靈機一動，問他認不認識迪士尼的高層人物。原來他與迪士尼樂園的規劃行政副主席趙永濤（Wing T. Chao）是好朋友，我立即和呂元祥飛到洛杉磯與他見面，隨後共進晚餐。趙永濤是美籍華人，是個十足紳士，他在恢復談判方面起到了關鍵作用，雙方終於重啟談判並達成協定。事成後呂元祥對我說：「我們今次把這項目起死回生。」緣分不但令我和趙永濤相識，也令我們在洛杉磯的兩位母親也結為好友。1999 年 11 月香港政府宣佈與華特迪士尼公司成立合營公司，在香港興建中國首個迪士尼樂園。迪士尼綫於 2005 年 4 月竣工，欣澳站於同年 6 月 1 日正式啟用。

八達通卡 —— 首個電子錢包

八達通是世界上最早發展以及最成功的電子錢包之一。1997 年 9 月，八達通正式面世，乘客只需一卡在手，即可於多種公共交通工具上精確支付款額，免除使用輔幣之不便。因着機場快綫的機遇，八達通從一張儲值車票發展成一款功能齊全的電子錢包，成為香港市民的驕傲。儘管有其他各種支付方式的出現，由於其便利性，八達通仍然是最受歡迎的支付方式，亦是全球多個國家及地區發展電子貨幣系統的參考對象。

八達通卡最初的構想只具車票功能，最多可在車站自動販賣機購買飲品，或者在站內拍攝證件相。身為地鐵主席的好處，就是可以發表超出業務範圍的意見。公司每逢周一都會舉行早會，討論各種事務，通常在討論結束時，公司秘書就會說：「現在由主席總結。」於八達通卡一事上，我提出：「八達通既然可以做到零售功能，可以在車站內拍照和購買可樂，為甚麼不跳出車站，在城內作為支付工具，購買各樣商品？」這就指示了由車票變電子錢包的方向。

這想法引起了政府庫務局的一些評論，他們試圖和我探討貨幣供應經濟學理論中的 M1 和 M2。我只能作簡單的回答：

由八達通公司發出的紀念座

「如果商家在同一天得到退款，相信電子錢包不會對貨幣供應產生任何影響。」但官員們仍然堅持八達通卡的充值額一定要設定一個一千港元的限額。

我在想，繞過這個限制的方法就是與銀行達成一項為客戶提供充值的安排，但當時絕大部分銀行都比較保守，不願意偏離政府的決定。只有大新銀行的主席王守業對我說：「我們銀行非常仰慕你們這個發明。我願意做白老鼠，第一個和八達通做增值服務，每次增值五百元。」後來的幾年裏，所有銀行都全力與八達通合作，更發展出銀行聯營八達通信用卡。

一張能夠覆蓋乘車與市內購物等功能的儲值卡，在當時是嶄新嘗試。英文名字「Octopus（八爪魚）」，中文取名八達通，取義「四通八達」，也有繁榮的隱藏含義，現時這個名字在我們生活中不可或缺。

講到改名，順便說一下，之後我還起過一個名字，就是坐落在深水埗和大角咀之間的一個東涌綫車站。我當時建議將其命名為「奧運站」，以紀念李麗珊在1996年亞特蘭大奧運會為香港奪取的首枚奧運金牌，或許是後來香港在國際運動會上奪標的好兆頭。

地鐵上市

總結我在私營和公共部門的管理經驗，將港鐵公司上市可能是最好的表達。沒有其他主要的大都會地鐵系統能有上市條件，原因很簡單，政客們不會允許商業運營，因為保持交通票價低廉作為公共福利是上佳的選票票源（vote-getter）。因此，紐約、巴黎和倫敦的地鐵系統一直缺乏資金來維護和翻新，導致故障和延誤頻生。

此外，很少系統採用香港的房地產開發模式。地鐵作為上市公司要確保商業原則，但作為大眾運輸工具，亦要以公眾利益為首要考慮。儘管票價是全球比較便宜的，但地鐵公司一直在尋求創新，並在準時性和效率方面取得了最高的績效指標。這在很大程度上，是因為她像企業般運作。然而，隨着回歸後政治制度向民主選舉發展，這個基礎變得岌岌可危。每當我出席立法會提議新的票價時，都會發生激烈的辯論，我逐漸產生了為公司上市的念頭，要說服政府私有化港鐵，然後在立法會獲得足夠的選票通過，這不是一個容易的過程。

我們排除萬難，完成一切準備工夫後，所有參加地鐵上市的銀行、律師行、會計行人員聯同公司的高級職員都放鬆下來，興高采烈地在中國會聚餐準備慶祝。言歡之際，公關經理湊近小聲地告訴我，立法會依然在辯論，而原本已經確認會投支持票的議員之一突然不知所終。顯然，他承受了很大的壓力。

我說：「好，我打電話問一問他太太。」但電話中的太太稱不知道丈夫的行蹤，我又努力找他的幾個相熟朋友，都無功而

上／　地鐵成功上市
左右／　地鐵上市「Hello Boss」廣告

返。幸運的是，我們在最後的關鍵時刻找到了他，又說服他遵守承諾回去投票，方案得以順利通過。地下鐵路公司成為「地鐵有限公司」，於 2000 年 10 月 5 日在香港聯合交易所上市。這項重要的舉措為公司提供了保護屏障。

在上市招股的過程中，又有機會發揮一下我的古怪創意，就是提議拍一個電視廣告，地鐵的職員向入閘的市民恭敬地說「Hello Boss（歡迎老闆）」，含義就是買了地鐵股份的市民都是我們的股東，即是老闆。不知是否這廣告的魔力，反正上市的公開招股認購超額三十二倍。上市至今，股價也上升了好幾倍。香港地鐵可以說是世界上唯一達到盈利水平，而且能夠上市的公共交通系統。

車站改進和幕門工程

地鐵經過二十年無間斷的使用，無論車站內外，都顯得陳舊。於一次會議上，我笑着對營運總監和市場總監說：「有一個艱巨的任務，希望你們能夠接受。」他們面色凝重地聽我說下去：「請你們到東京一趟，乘坐東京地鐵，抄下十項東京地鐵有而香港地鐵沒有的設施。」兩位疑惑道：「就這麼簡單？」雖然我只要求他們寫下十個要點，帶回來的報告當然不止十個建議。我們對之逐一討論，加入車站改進工程中，例如增設站內零售店、車軌旁及扶手電梯邊的廣告箱，以及加裝月台幕門等。

這些改進使站內的氛圍更加明亮、親切，同時能增加地鐵

月台幕門工程

的收入。改進計劃中最棘手的，還屬月台幕門這一項。增設月台幕門所費不菲，如果資金都報政府批准，將受到立法會批評。我出其不意，提出一個方法：在每程車費上加收一毫，以籌集月台幕門的費用。此舉為乘客帶來更好的保護，空調又不會流失在隧道裏，夏日能夠更舒適候車，大眾應該會接受。我們就這樣宣佈收取附加費，出奇地公眾和議員都沒有異議。

諮詢業務

由於地鐵大部份權益由政府持有，根據當時政府的規定，員工需要在五十五歲時退休。公司已經將員工的退休年齡限制延長到六十歲，但每個案例都需要有嚴謹理由才可獲批。其實年過六十的員工們普遍仍然健康，精力充沛，且經驗豐富。與此同時，港鐵在內地和國際上均獲得多項認可，無論是在建設還是管理鐵路系統方面，在所有基準評估指標上，皆名列前茅。因此，我們決定成立一家諮詢公司，主要由已退休的六十至六十五歲的前地鐵員工組成。我們在倫敦、澳洲及新德里等地獲得了合約，在中國內地，則成功獲得了在北京建設運營一條綫路及上海兩條綫路的合約。逐漸地，即使是年輕的工程師也開始珍視派遣海外的機會，這更使我們的員工士氣高昂。

上海地鐵項目源於我的好友胡曉明先生，他說上海交通公營公司久事公司，有興趣和香港地鐵合作，發展明珠和申松兩條新綫。曉明是上海人，他爸爸胡法光創立的菱電發展有限公司，在香港是非常成功的升降機和地產公司，在內地有不少生意。他本人當然是個上海通。

受到在上海的成功鼓勵，我們在其他城市也開展同樣洽談，終於在北京獲得建造南北綫合同（今北京地鐵 4 號綫），而在鄰近城市深圳，卻遇到一些阻滯。原來深圳地鐵早已接受巴黎地鐵作為顧問，而不作他求。我的高爾夫朋友黃楚標是當地發展商，也是全國政協委員，他對我說：「這事你交給我，香港地鐵這樣成功，而且鄰近深圳地鐵，應該由你們作為顧問。」我感謝他的幫忙，並問他：「可否向市政府提出，我們有興趣在深圳建地鐵綫？」談判終於獲得成果，香港地鐵建造深圳 4 號綫。

黃楚標是個非常能幹的香港生意人，他在深圳經營房地產，白手興家，被稱為「深圳李嘉誠」，他最大的項目是福田的東海中心，集住宅、商場、酒店、寫字樓及公寓於一身。其業務比十年前更多元化，開設了飛機公務機租賃及東海航空的客貨運服務，服務內地多個城市。我和他在沙河高爾夫球場「不打不相識」，他非常好客，且重友情，也熱心在幕後解決兩地問題。當時我在地鐵公司發展了九龍站的上蓋物業，包括商場、酒店、住宅和辦公大樓等。他來看過圖則後，印象深刻，於是決定他的東海中心亦根據這個模式設計，也曾邀請我們的地產部為他設計一個商場，以及為東海的住宅項目做物業管理。

2022 年全綫開通的英國倫敦伊利沙伯綫（Elizabeth line）全長一百一十七公里，合共四十一個車站，也是由港鐵營運。最近我到倫敦和一些當地英國人吃飯傾談，他們說到倫敦地鐵殘舊失修，而且經常延誤，同時大讚新建的伊利沙伯綫是當前最好的綫路。我只是笑了一笑，沒有說那是香港地鐵的作品，恐怕傷害他們的自尊。

體驗前綫工作

我的另一個關注點是員工滿意度。公司的專業人士包括工程師在會議中往往過於認真，我總是說說笑，試圖緩和氣氛。二十年後的今天，還有人記得，我在海洋公園舉行的員工家屬晚會上，做了半個小時脫口秀，據說令在幕後等待出場的林海峰對我表現大為讚歎，這亦可能是他收了豐厚酬金，所以「識做」。

我喜歡走到最前綫和員工一聚。一方面親身體驗他們工作的困難，給予鼓勵，另一方面亦可作為示範讓其他高層同事仿效。地鐵最辛苦的工作，是晚上兩點至五點停車後要維修隧道，這是一個永不停息的工序：每一寸天地牆、路軌、電纜都要檢驗及修復妥當，才可投入新一天的服務。最艱難的工序莫過於維修隧道頂部，要把生鏽變壞的鋼筋換掉，補上新的混凝土。工程車把技術人員送到隧道深處，他們都要戴上鋼盔、眼罩、耳塞和口罩，一開工便沙塵滾滾，聲浪極大。我曾多次深夜出巡，雖然不能參加工作，但在地籠裏和同事在一起，體驗一下這個環境，完工後和他們一起休息交談，一樂也。經常深夜帶我進入地籠的同事是劉天成（Adi Lau），他高大瘦削，面帶笑容，做事認真，是個典型的工程師，即使從香港大學畢業，也經常和基層員工一起工作，總能熟悉地給我介紹情況。

另外一次在興建青馬大橋下層鐵路的時候，擔心列車經過大橋造成的噪音會騷擾到對岸深井的居民，我和工程總監柏立恆（Russell Black）等同事深夜站在深井岸邊，聆聽工程車經過大橋發出的噪音，經量度後發覺是稍為超標，必須更正。後來決定在路軌下加上軟膠墊，解決問題，我的人生亦增加了這麼一個特別的經歷。這個探訪基層員工的習慣也帶到其他公司，包括電盈和機管局，不受時間或地點限制。除了工作，我也喜歡和員工一起玩樂，少不了出海、吃飯、唱歌，做過多個崗位之後，同事們都成為朋友。

在地鐵工作八年，一直非常愉快和滿足，直至 2003 年 3 月份，政府與我談續約事宜，終於因為有些事情發生，令我選

上 / 隧道視察簡介會
下 / 夜間軌道維修工程

擇離開。一是當時政府突然要求把我的主席兼總裁位置一分為二，對我說：「我們已經決定這樣做，你就二選一吧。」我不情願地說：「這個位置我已經工作多年，如果現在選擇做主席，便失去了薪金，選擇做總裁便失去了面子。」

令我失望的是沙田至中環綫（沙中綫）工程，綫路由沙田經東九龍過海到中環，由地鐵發起和設計，當時政府卻堅持要由地鐵和九鐵兩間公司競爭，理由是不能讓一間鐵路公司獨霸過海隧道。客觀而言，這不成理由，因為接駁點都是地鐵點，如果新綫由九鐵建造，乘客要從地鐵站出來再進入九鐵站，非常不便，而且造價肯定比地鐵的提案貴得多。然而高官意旨最後決定把項目交由九鐵，我認為絕非正確決定，亦擔心優秀工程隊伍剛完成機場鐵路、將軍澳綫等項目，如果沒有後續計劃，會被海外其他工程「挖角」。多次向政府高層遊說斡旋不果，我唯有決定請辭。滑稽的是，待我做出辭職決定之後，當時政府有人對我說：「你不用擔心，一旦九鐵到頭來做不了，我們會把九鐵拼入地鐵，即是交由地鐵建造。」他們說中了，2007 年 12 月，兩鐵合併。可惜地鐵一眾工程人員因失望而走散。

值得一提的是，我向剛到任不久的財經事務及庫務局局長馬時亨提出請辭，他非常驚訝，笑說不能接受。他是我敬重的好朋友，他剛放棄了商場的高薪職位，進入政府服務社會，成為一時佳話。

我在港鐵八年，過得既豐富又有成就感。在告別會上，員工為我表演了一場精彩的告別節目，還特別製作了一份報刊，用情真摯，令不少人流下熱淚。在場的長江實業集團董事李澤鉅說，他從未見過如此感人的告別會。很多員工現在已經退休了，但在我離開地鐵至今的二十多年，他們仍然定期與我舉行聚餐。

金澤培（Jacob Kam）和楊美珍（Jeny Yeung）都是舊同事聚會的常客。Jacob 已成為港鐵行政總裁，而 Jenny 是八達通主席，在她領導之下，八達通終於能在手機上使用，通行到內地各城市。另一位能幹的同事郭敬文（Clement Kwok）在地鐵時擔任財務總監，負責龐大融資，也擔任八達通主席。後來被挖角到半島酒店當行政總裁，一次他請我去彈吉他高歌一曲。聽眾是舊同事都被迫勉強拍掌，卻是我「表演生涯」的最高峰。

我亦感受到各層員工對我可能離開的依依不捨，其中最令我感動的是基層員工，包括駕駛員、維修、保安及各車站各商場物業的管理員。他們人數眾多，評議會是他們的組織（不叫工會）。前綫員工評議會，為基層員工謀求福利，通常與管理層作抗爭。在我斟酌是否離開，尚處猶豫不決的時候，他們在公司刊物上發表了一篇專題文章，其中除了褒獎我在地鐵八年的多項建樹外，最令我感到貼心的是文章寫道：

蘇主席重視員工，一向視員工為公司最重要的資產。……勇於承擔，排難解憂；在公司出現問題遭受傳媒、政客窮追猛打，主席處變不驚，一方面安慰員工謹守崗位，一方面對外一力承擔，為公司排難解憂。……甘苦與共，身體力行；令評議員印象最深刻的是，主席曾多次在深宵非行車時間，巡視鐵道路軌、管道切割及補漏工程等。這份工程工作極其艱苦，環境

在半島酒店演奏

亦最為惡劣，主席不辭勞苦，每次巡視後，主席準是汗流浹背，但喝過可樂後，又再展露笑容，與員工閒話家常。（全文見附錄一）

香港地鐵已成為運輸系統的骨幹，現在每天地鐵接載超過五百萬乘客，如果單是依靠路面交通，情況實在不敢想像。更獨特的是，地鐵所到之處，新社區發展隨即展開。市民喜歡在地鐵站附近居住、工作和消費，沙田、將軍澳、東涌等區域因地鐵而冒起，方便就業、消閒和旅遊，例子數不勝數，滿足城市人生活所需。

香港地鐵的效率，在世界上首屈一指（指標經倫敦帝國大學作客觀比較），也在多方面創新，領導潮流。發展地鐵上蓋的概念由香港原創，不但為政府帶來巨大收益，也成功發展了無數地產項目，包括地標性的 IFC 和 ICC。模式能夠有成效，很大程度是因為地鐵是一個財政獨立的法定機構及上市公司。香港的地鐵上蓋發展模式，為多個城市仰慕和仿效。

今日人手一張的八達通卡，在當年亦是一個由無到有的概念。地鐵把一張普通的入閘卡，發展成為電子錢包的八達通，當年是超前的構思。在其他大城市的收費系統還停留於車票或零錢之際，香港市民一直享受八達通的便利。智能手機迅速發展，改變了很多消費模式，當然之後多個系統迎頭趕上，但八達通 —— 包括上手機的八達通仍然是香港市民的摯愛，目前使用範圍亦已伸延到大灣區，為更多市民服務。

除了八達通和上蓋物業，地鐵也在其他方面超越同業，例如構思和建造昂坪纜車、機場鐵路、迪士尼專綫等都是傳統地鐵範圍之外的做法，能夠實現要感謝同事們的創意和毅力。今天地鐵享有國際聲譽，很可能是唯一達到盈利標準上市的公共交通，還配合了國家高鐵系統，與內地各大城市直接貫通，可以說是本世紀的一大奇蹟。

地鐵逸事

一位熱衷於地鐵上蓋發展物業的地產商是郭鶴年先生，他是馬來西亞首富，又稱糖王。其業務涵蓋酒店、物流和地產等領域，香格里拉酒店和嘉里物流是他旗下的公司。他中等身材，經常掛着慈祥的笑容，但不難看出他目光灼灼，是最早和地鐵合作上蓋發展的人之一，早於七十年代投資港島綫東邊車站兼車廠杏花邨。他一家人都保持低調，不常出席於酒會宴會，但我在地鐵任職的年代和之後多年，他每年必定和我共晉一次午餐，不談生意，只談天說地！

他經常提到自己的奮鬥史，在家鄉馬來西亞成立公司，由經營貿易生意開始，因為要解決馬來西亞在食品上 —— 特別是糖的短缺，他加入了糖的交易。他的眼光準確，在買賣中賺了第一桶金，隨後便發展地產，開始了香格里拉酒店等業務。他說：「我喜歡香港，這裏有春夏秋冬四季，而且靠近內地，這邊的辦事效率和節奏都較快，我很高興你是接任主席和總裁的第一位華人。」當時我已經和他的兩個兒子熟稔，亦經常在他們擁有的深圳西麗球場打高爾夫，郭先生為人風趣，最深印象是，在他家裏吃晚飯時他太太做的榴槤雪糕，老人家的愛國之情對我影響深遠。

澳門賭業國際化

在地鐵工作的歲月裏，我為澳門做了一件鮮為人知的事。澳門的前行政長官何厚鏵是我的好朋友也是「波友」，他為人友善，辦事極具效率。在高爾夫球會喝茶的時候，我談起澳門該建立一條輕鐵，連接三個島嶼。他喜歡這個想法，並要求港鐵準備一個提案。幾個月後，他向我透露了想博彩市場向國際

與何厚鏵合影

開放的構思，問我可會有拉斯維加斯主要賭場的聯繫，我立刻想到了在三藩市的弟弟澤輝，永利集團的主人溫恩（Stephen Alan Wynn）是他的好朋友。澤輝不僅能在賭場自如行走，而且還熟悉溫恩的妻子和兄弟。幾日後我到了美國，他帶我見了溫恩。

溫恩說：「請叫我 Steve，我和你弟弟是好朋友。現在甚麼都不要說，請跟我去看一架準備買的私人飛機。」看完飛機後，他又說：「餐廳買了一張莫奈最貴的油畫，你來跟我吃飯，順便看畫。」他原來視覺不常，看不到顏色，而且看到的影像也極模糊，所以行走時都把手放在我弟弟肩上。

吃飯時我向 Steve 提出永利進入澳門博彩市場的可能性。「你在維加斯 Bellagio 這個度假村做得這麼全面，博彩、大型娛樂表演、休閒養生一應俱全，適合一家大小前往度假，現在澳門有這個賭牌開放的機會，而中國內地及東南亞是個非常龐大的市場，你要認真考慮。」他回答說：「你說得好，我們正在積極考慮進軍國際，已邀請了日本投資者，我更加看好內地市場，將會比日本大好多倍。」見面之後不久他便乘坐了他的新飛機到澳門見何特首。

2001 年底，澳門政府開始賭牌的競投招標。次年 2 月競投開標，永利度假村贏得一個牌照，威尼斯人和銀河則奪得另外兩個牌照。溫恩甚至提出要我擔任總裁的職位，但我禮貌地拒絕了。永利企業建造了一個優秀的酒店賭場綜合體，並開創了美國賭場前來澳門的浪潮，今日澳門的營業額已超過拉斯維加斯，成為世界聞名的博彩之都。多年後，地鐵在澳門建造了輕軌系統。經何厚鏵的改革，澳門這座城市在國際舞台上大放異彩，他在 2010 年當選為中國全國政協副主席。

澳門這個世紀巨變也為我朋友呂志和帶來更大的成功。和哥的年紀比我大，是香港數一數二的富豪，自從幾十年前在證券業認識後，我們一直是好朋友。他全無架子，喜歡和比較年輕的朋友一起食飯，興起時會手舞足蹈，保持青春的心境。經常千方百計找來珍饈百味，例如從馬來西亞運來稀有的「忘不了」，每斤價錢以千計，聽說是一條專吃生果的河魚。和哥除了懂得吃，還懂得煮，每次飯聚都聽到他吩咐廚師應如何如何……

他在我任職電盈行政總裁時，曾請我們幾位朋友旅遊，到過日本等地，最難忘的是去到印尼最東邊的海域和小島，完全回歸自然，汪洋一片。偶然踏上一個島嶼，發現有漁民人家、有岩洞，大得可以扒艇，岩洞裏面有鐘乳石，水質清澈。

有次我到四弟加州伯靈格姆 (Burlingame) 的家住宿，早上在小鎮踱步晨運，人影寥落，遠方有一個貌似中國人的身影，行近才發現是呂志和。他鄉遇故知，我們非常高興地找家咖啡店聊近況，他親切地說出自己的發達史和目前在三藩市的酒店和地產項目。當時是九十年代，還未聽到他有發展澳門賭場的大計，今時今日他的銀河娛樂，已經是澳門最宏偉的娛樂賭場之一，包括數間世界最著名的五星酒店和巨大的娛樂表演展覽場所，外間稱他為新賭王。

另外一次，我在地鐵任職的時候，呂志和在香港宴請三藩市當時的李孟賢市長，席上市長提到準備在三藩市建地鐵，第一條綫從華埠連接到市南。我坐在旁邊的一桌，聽到對話但沒

和呂志和唱歌

有參與，忽然間他轉頭對我說：「Jack，你過來一下。」就拖着我的手對李市長說：「你建地鐵最好是找他做顧問。」就是這樣一句話，隨着我一次到三藩市，市政府便準備了聘書，接受之後，我亦作過努力，參加了幾次當地會議。遺憾地覺在美國興建公共交通並不容易，涉及不同區域的政治、產權等問題。終於發覺貢獻不大，一年後便引退了，而這條相當簡單的地鐵在多年後才建成。

值得一提的是，和哥的子女比較接近我的年紀，我和 Francis、Lawrence 和 Peggy 都是好朋友，他們都樂見父親和我們玩得開心。Peggy 與他父親一樣，鍾情於古典音樂和歌劇，我們到澳洲悉尼旅行時，她安排了我們一行六人到悉尼歌劇院欣賞歌劇《卡門》。

我與和哥的友誼維持了多年，他喜歡和我談天說地，又鍾意唱歌，特別是六十年代內地流行的歌，例如《敖包相會》，我們的年青香港朋友都不知是甚麼，只有我這廣州仔還記得，他每次唱歌都充滿熱情，站起來手舞足蹈。最近傳來噩耗，他在睡夢中離開了。雖然是九十六歲的高齡，已是福壽全歸，但仍覺得非常不捨，懷念他老人家。

運動和興趣

學生時代體育課對我沒大吸引力，成年後卻迷上運動，包括滑水、滑雪和打高爾夫球，不少生意靈感和合作也在戶外促成。開始滑水是因為貿發局擁有一艘遊艇，用以招呼外來貴賓，亦用於同事的娛樂，我四十歲才開始學習，居然滑得不錯，還教導年青的同事。其中多次出船，都叫他們先開到海上，之後我滑水破浪而來，好不威風。

這貪玩的性格亦表現在滑雪場上。一次和家人到北海道遊覽，少不免到雪場參觀，稍作嘗試，誰不知一次已愛上滑雪的感覺！隨後每年都和我的兩個小女孩到日本，加上太太的日本親戚在當地安排一切，可以很寫意地玩幾天。幾年之後更升級參與成人組，到加拿大、美國及歐洲等地的滑雪場。我的着迷更影響到同事們，包括貿發局及機管局同事林天福現在已是滑雪發燒友。滑雪也讓我和朋友增進感情，我們一夥十多人在溫哥華雪場，打邊爐、唱卡啦 OK，非常熱鬧。吳光正和李家傑都是滑雪高手，我還在山中盤旋時，他們已上落數圈。小女兒

享受滑雪和滑水的樂趣

國湄在美國丹佛市實習時，因為附近有美國最著名的滑雪場，便有藉口去探望她，而順道享受一下。

提到滑雪，自然會想起亦師亦友的李兆基先生，十年前他也每年滑雪，和我們一班較為年輕的朋友合得來。我們在高爾夫球場交誼，漸漸增加了其他活動，例如一起旅行，在香港定時聚餐，約定到加拿大或日本滑雪。他為人樂觀，投資有眼光，是出名的地產大亨和股王，身體好，經常面帶笑容，一直喜歡滑雪這運動直至超過八十歲。

我的前老闆馮先生去世後，他的公司恒基兆業差不多接收了整個新鴻基證券的舊班底，他不止一次對我說：「你為甚麼還在外邊『攬攬震』不加入我公司？」但是我不加入，反而在其他公司例如地鐵和電盈與恒基有商業合作，他又邀請我作為煤氣公司的顧問。我在策劃 IFC 的投標時，遇到香港經濟低潮，也是得到李兆基先生的支持；幾年後策劃香港大學校舍擴充，也得到他的慷慨捐贈。我和他一家熟絡，大兒子家傑不時和我茶敘，詳談他在內地及在環保科技上多項創新的企業和計劃。

我是在貿發局任職總裁的年代開始接觸高爾夫球。一位做首飾的朋友，首先帶我到粉嶺球場，就這樣開始了我的高爾夫生涯，不獨給了我無窮樂趣，亦因為這個運動認識了很多非常好的朋友，包括馬時亨、曾志偉、王毅、李源祥、鄭慕智和唐家成等。

我對這個運動的觀感，首先是環境優美，綠草如茵，天高海闊，接近大自然，空氣清新。運動本身要求甚高，不是隨便可以把球打起，更不要說把小小的白球送上空中，並要它在理想的距離、理想的地點落下，一個一百多碼的三桿洞，如果可以一桿打開上果嶺，是何等美妙。更美妙的是球自己滾入洞

與李兆基合影

上／　疫情期間揮桿以慰寂寥

下／　地鐵同事送的退休禮物，取笑我「玩多過做」

裏，成為一桿進洞，這需要技術加運氣，我兩項都缺乏，所以從未成功過。然而我曾經親眼見證朋友做到，一桿進洞不單能獲得證書，在球會金榜題名，還要付鈔宴請所有朋友。

這個運動可表現出一個人的性格。要準確地把一個靜止的白球送上理想的軌道，需要不亢不卑，既要小心也要進取，最重要的是不能動肝火發脾氣。把球打歪了，有人竟然把桿拋進水池或大聲咒罵球童，心情壞了，球打得更差。這個運動的勝負，在於和自己的性格比賽。十八個洞等於人生有十八個機會，每次開球，都是新的開始，帶來新的希望。

在人際關係方面，這個運動比起網球、足球有更多機會與球友交誼，通常在至少三個小時的比賽之中，有很多機會交談、賭博，大小隨意，而且讓桿制度會令贏輸機會拉平。有不少生意上的談判是在球場上開始的。最重要的是，因為這運動的精髓不是鬥過你死我亡，而是為自己爭取最佳表現，朋友打到好球，會互相祝賀。

這運動已陪伴了我四十年，因為年紀關係，腰酸骨痛，但仍樂此不疲。雖然球技每況愈下，坦白說實在從未打過滿意的成績，但我的熱情已影響到同事，我做過的不同公司都已舉辦了員工高爾夫球比賽；也影響到家庭，包括太太和兩個女兒，兩位女婿和兩個男孫都打球，只剩下小女孫年紀只得五歲還未開始。大男孫卓熙十三歲只學了兩年，球技已比我好得多。我最喜歡聽到的是，這個運動可以玩到九十歲，那麼我還來日方長。

在地鐵工作工餘時，我參加了書法訓練班，但這項興趣實際上是在疫情隔離期間培養的。每天睡八小時，想想醒來的十六小時如何打發，便決定編排時間表：八至九點早餐和運動，九至十一點網上做點公務，回覆一下電郵。十二至一點午飯，兩至三點房內散步及午睡。之後就是各種興趣活動包括：電影、看書及寫大字，朋友送來紙筆墨，我也要求幾本唐宋詩詞集，以及在網上看毛主席的著作。雖然是無師自通，水準還是失禮，但已覺得非常享受箇中的優雅寧靜，而抄詩詞也感受到其中意境，特別是毛澤東的豪氣和勵志，蘇軾詩詞的超然和細膩，每抄一次都受觸動。兩年後的今天已成為每晚臨睡前的安神環節。

母親病逝

當我事業蒸蒸日上的時候，收到消息，母親在洛杉磯的一家醫院裏病重垂危。我放下一切，匆忙趕往她的床前。她已經失去意識，但還握着我的手在搖，好像意識到我在旁陪伴。

母親創造我、照顧我，是我的榜樣和支持，在她的眼中，我無所不能。這個時刻，所有的情感湧上心頭。在她的床前，三兄弟和妹妹只能跪着祈禱。母親經歷了動蕩的一生，直到最後幾年才真正安定下來，享受子女和孫輩的陪伴。她八十歲以後，健康狀況開始惡化，我在繁忙的工作中，盡可能抽空去看望她，兩母子最喜歡的消遣活動，是在一個幾乎空無一人的購物中心閒逛、聊天。我們甚少購物，只是享受相聚的時間。她每年都會給我買一雙新鞋，我最後一次探訪她時，還嘗試說服她買一頂帽子，她說：「我已八十多歲，沒多少年可以享受這頂帽子了，不要浪費金錢。」

母親在生時給我的最後記憶，是我們母子倆一同去拜祭葬在洛杉磯玫瑰崗（Rose Hills）的父親。買了花束上去，她卻堅持要自己拿着有些重量的瓶子去裝水，我扶着她回來時，已是一跛一跛的，她道：「我已是一隻腳踏入墳墓了，你們他日來探望，要先拜拜阿爸。」

這位樣貌慈祥、身形細小的女士雖然教育程度不高，但她總是能說出許多富有智慧的話，說出看透世事的預言。她曾經說過：「人欺未為欺，天欺無埞企（無處藏身）」，套用在全球大流行的新冠疫症，非常貼切。

在我到醫院探望的第二天早上，她去世了。我自懂事起從未哭過，那天晚上眼淚卻流個不停。正是母親堅持給我的榜樣和提供的良好教育，才讓我走到了今天。我失去了世上唯一全無要求，無條件愛我的人。

我們在洛杉磯為母親舉行一個體面的葬禮，接着在香港的聖德肋撒堂舉行了一場追思會，那是母親生前最喜歡的教堂。大廳裏座無虛席，坐滿了受她生命觸動的人，當中一些人是我兄弟和妹妹的朋友。她一生待人友善，能夠說溫暖的話語，講一個破解尷尬氣氛的笑話，讓事物在無形之間變得美好。

追思會上來了一個意外的客人，他是李嘉誠先生的次子李澤楷，不久前也失去了心愛的母親，我們正處於加入他的公司電訊盈科（PCCW）的磋商階段。

第　三　部　分

千禧年代至今

第十章

電訊盈科

香港電訊是李澤楷通過槓桿收購（LBO）獲得的香港藍籌公司之一。香港固網服務市場由 2003 年 1 月起全面開放。當時電盈的業務和股價未如理想，主要是由於政府開放電訊市場，電盈失去其原有的電訊壟斷地位，許多用戶轉投新競爭對手；賣走了移動電話 CSL 業務也因素之一。

2003 年年底，香港已經有多家本地固網服務營辦商，寬頻網絡覆蓋差不多所有家庭用戶和商業大廈。新進入市場的公司壓低固網電話服務價格，同時提供流動電話服務，電盈開始流失固網用戶。電盈的股東散戶，大多是尋求穩定的養老基金和退休人士，對股價感到失望。

當時《金融時報》有以下一篇對我可能參加電盈的評論：

> 「電訊盈科近乎完美的行政總裁候選人，亞洲首富靈活多變的小兒子李澤楷已找到助他解難的拍檔嗎？他現正嘗試邀請備受尊敬的香港地鐵有限公司主席蘇澤光擔任其通訊服務供應商電訊盈科的行政總裁。
>
> 蘇澤光可能就是合適人選。電訊盈科在星期二向證券交易所發表的聲明中確認，該公司正與蘇澤光進行磋商。自從出現未經證實的報章報導指他即將加入電訊盈科，該公司股價上漲近 5% 至 5.35 港元，因此有需要作出這項公告。
>
> 三個月前，蘇澤光宣佈他與地鐵有限公司的合約於 9 月屆滿後不再續約。他與李澤楷一樣，身兼公司的主席和行政總裁。
>
> 預計電訊盈科將於未來數天公佈蘇澤光的任命。該公司股價上揚，蘇澤光被視為『在各方面近乎完美地』勝任這份工作。」

我終於接受了聘任，擔任了副主席和集團董事總經理，向李澤楷和董事會負責。事實上，幾乎每個決策，我都與他兩位顧問先商量，袁天凡和鍾楚義皆是身經百戰的成功商人。

李澤楷是商界尖子，生意奇才，在衛星電視一役，大勝國際級傳媒大亨梅鐸（Rupert Murdoch），賺了大錢，他繼續乘勝追擊，以 LBO 形式收購香港電訊。如此大的交易，當然會經過一段調整適應的時期，期間遇上科技的大轉變 —— 傳播網絡由銅綫改為玻璃纖維；移動電話的普及化和多功能，亦令固網電話失去價值；再加上當時政府要撤銷電訊商的壟斷地位，開放市場，以上種種令電盈經營困難。

電訊盈科的總部設在鰂魚涌太古坊的電盈大廈，我和其他高層的辦公室是在行政樓一層，李澤楷自己卻喜歡在花園道銀行大廈辦公，他還有其他的生意要打理，所以我經常都要到中環和他見面。

Now 收費電視台

在 2003 年的年報，主席李澤楷說：「我們非常歡迎蘇澤光先生的加入和帶領公司的管理團隊，他的加入將會增加我們管理能力的深度。」而我在同年的年報也表示：「管理層在相當困難的環境中，決心穩定公司的核心業務，把產品和服務多元化，致力改善不少過時的規管條例，而把業務拓展到香港以外的市場。」我也說：「2003 年是集團創新的年代，不但推出新一代的固網產品，增加了寬頻電視，即是 Now 收費電視。」

我們提出了一個多管齊下的方法。首先，遊說政府解除對電盈的所有競爭限制，尤其是價格競爭，因為已經有足夠的限制措施去鼓勵新進入市場的經營者。另外，重新建立移動業務，不排除從市場上回購一間移動電話公司，一家沒有移動業務的電信公司就像在用單手與人搏鬥。再者，要確保客戶保留他們牆上的電話綫插座，並努力向他們推銷更多產品，例如寬頻互聯網。高錕博士發明的光纖科技普及後，語音通話的價值已經貶值，數據才是王道。電盈可以通過同樣的地下光纖網路提供各種產品，例如寬頻電視。

經近兩年多的努力，政府終於解除了對電盈在市場競爭的束縛，我們引入寬頻業務，收購移動電話公司和設立收費電視台。

公司的財政狀況繼續好轉。我在 2005 的年報中說：「公司達到了盈利和第一次派股息，固網用戶流失的情況大幅好轉，而在規管法例方面，我們也達到了比較公平競爭的環境，容許我們在市場上用價格和同業競爭。」

2005 年，電盈業務穩步上揚，固網用戶已經扭轉下跌趨勢，下半年每月都有用戶增加，與此同時網上行寬頻和 Now 電視的用戶也大幅增加。在主席報告中，李澤楷提到：「我們收購了 SUNDAY 流動電話，使公司對顧客的服務更加全面和增加了業務發展的空間。」

同事們告訴我，寬頻網路可以播放電視。當時公司已經有 Now 衛星電視台，但節目和收視欠佳，我們對 Now 轉為收費電視台最初的構想是，先設立一個二十四小時的財經台，其餘頻道則以外購或合作為主，沒有自家製作節目，以節省成本。收費電視台的總部設在灣仔電訊大廈。我經常參加他們的早會。早會於早上七點開始，由羅燦主持，這個會的重要性就是決定當日的採訪活動、新聞重點等，給了我新鮮的經歷。

財經台的誕生與香港經濟發展息息相關，2005 年的香港剛從科網爆破和沙士疫情中走出陰霾，經濟重拾動力，這是個好時機，香港需要一個有深度、有分析能力的財經資訊台。於是便開始物色人選，籌組班底，終於找到了當時無綫新聞台的總經理羅燦先生和他的團隊，對他說：「香港作為國際金融中心，需要打造一條專業、高質素，而且具備香港特色的財經頻道。」羅先生表示有興趣，提議以美國全國廣播公司商業頻道（CNBC）的節目編排和即時評論模式作為參考，我對此表示同意，並邀請他整個團隊組成新班子。

在開台的過程中，我們給予團隊很大的空間和自由度。在羅先生的領導下，Now 財經台在 2006 年 3 月正式啟播，短短兩年間，已贏得觀眾和投資者廣泛認同和信任，見證恒生指數衝破 30,000 點。財經台的成功，令我和羅先生都在積極考慮是否可以推出新聞頻道，當時香港已經有兩條廿四小時新聞頻道。在一次同事的聚會上，我提出這個問題，大家都感到愕然，但也很雀躍。

為了奠定 Now 收費電視在香港市場的地位，公司最終決定投資新聞台，於 2007 年 10 月開播，並以「編採為民・專業精神」作為口號，提供即時新聞資訊和時事分析，第一年的製作已獲得多項國際殊榮。Now 收費電視最初只有自製的新聞和財經頻道，並從其他渠道引入不同內容，如探索頻道(Discovery Channel)、國家地理頻道(National Geographic)等，以收入分成的方式，簽約了幾個本地電影頻道。

當談到簽約花花公子頻道時，我立即自告奮勇，對同事說：「這個頻道留給我處理，不用麻煩你們啦！」然後立刻打電話給在洛杉磯居住的弟弟澤昭，說：「今次有你『着數』，兩日後我過來，去花花公子總部簽合約。屆時他們會派一個貌美的玩伴陪我們去看不同的拍攝。」到洛杉磯之後，弟弟非常興奮，這件事令他當晚睡不着覺。早上草草吃了早餐，便興高采烈地去到花花公子別墅見主席的女兒，談好了條件，然後就到我們極之期待的參觀時刻。走廊盡頭來了一位五十多歲的女士，原來她是 1960 年的玩伴。

我們到訪的拍攝地點，她都加以詳細解釋：「這裏是床景，那裏是泳池景，這邊是派對房……」但都不見有人。我便問她：「今天是星期三，為何沒有模特兒在拍攝？」她解釋此處和一般公司不同，逢星期三休息。我和弟弟都非常失望，這件事上，他一世都不饒我。

Now 收費電視初期仍是舉步維艱，勁敵是坐擁一百萬用戶的有綫電視。兩者所播的節目都大同小異，而他們亦有自己製作的新聞和財經台，擁有先入為主的地位。我們除了積極進取的推銷，例如在大街小巷擺檔，還需找到一個明顯的突破。

主管業務推廣的陳紀新(Tom)極為進取，每次在業務會議上都提出在市務上各地區各階層的推廣方案，包括在旺角、銅鑼灣等旺地擺街檔，後來我建議把萬眾電話的十多間分店接收過來，大大加強了零售業務。還要一提的是任財務部表現突出的年青女士許漢卿（Susanna），現已晉升為電訊總公司 CEO，可見李澤楷任人唯才的風格。

英超聯賽播放權

當時我為同事設了一個獎勵安排，就是每增加十萬客戶，會自掏腰包請他們到喜歡的酒家吃飯慶祝。吃了幾次之後，我和當時的副總經理艾維朗先生終於想到一個突破，就是競投及爭取英國超級足球聯賽的播放權。這是看中了本港和內地的足球球迷眾多，而實際上未有一個合法的廣播渠道，雖然個別酒吧或食肆存在不法偷播的情況。

在獲得董事局同意後，通過競投買來五年的播放權，我對艾維朗說：「這還未夠，看足球的人有不少是有興趣參加博彩，我們應該與香港賽馬會接觸，讓他們加強合法場外及網上賭波的生意，這樣才會增加播放英超的吸引力和穩定性。」

香港馬會總裁應家柏先生非常高興，立即和我們會面，他實在也有這個打算，雙方一拍即合。英超之後，Now 又繼續簽了意大利、德國、西班牙等的足球聯賽，聞說今天賽馬會經營合法賭波的生意額已大於賽馬。當然賽馬會也奉勸市民小賭怡情，也向政府上交大量稅款及支持社會上各種各樣的慈善及福利活動。

想回頭，這一連串的因果源於要挽救固網的客戶流失，創造了收費電視；而為了收費電視能夠脫穎而出，爭取了英超聯

2005 年 11 月，和艾維朗攜手慶祝 Now TV 客戶突破五十萬大關

的播放權；為要加強足球賽事的吸引力與賽馬會合作，到頭來也是為香港社會的福利慈善事業作出貢獻。這樣一來，Now 的用戶大幅增加，兩年後已超越競爭對手，我的微不足道請食飯鼓勵已沒有意思。Now 電視的成功，很大程度上是總監李凱怡 (Janice) 的努力。

Now 收費電視誕生之後，電盈收購了一個名為 SUNDAY 的流動電話公司，將之發展成一個相當不錯的網絡。寬頻服務和 Now 收費電視使固網用戶流失顯著減少，公司在三年後轉虧為盈，李澤楷出席了股東大會。隨着業務穩步發展，我們獲得英格蘭足球超級聯賽的獨家播放權，Now 的訂閱觀眾數量急劇增加。

一如既往，我在電盈的日子裏啓動了許多員工福利和體育活動，以提高士氣，包括同樂日、高爾夫錦標賽和歌唱比賽等。

雖然工作壓力不少，但家庭生活不錯，兩個女兒都已在英國唸大學，而太太也經常在那邊陪她們。可是自己一直沒有好好地留意投資地產，做股票投資也是沒有耐性仔細研究，每每要假手於人，交到私人銀行的投資顧問手上，他們也不是巴菲特，幸好今日還可以說有足夠儲蓄養老。

當年我亦要頻頻出外公幹，往北京、上海、杭州，與內地企業商量合作，例如網通入股上海文廣，和杭州電視進行寬頻廣播的可能；還要遠赴倫敦推進無綫寬頻，可惜不成功而把頻譜賣掉。也有需要前往西班牙馬德里，和西班牙電信協商他們入股網通一事，這次終於取得成功。

隨着公司恢復盈利，一些投資基金開始表現出興趣。我們收到了兩個特別的收購提議，報價遠超出當時的股價。我卻認為公司已經建立在堅實的基礎上，與內地開放市場衔接發展的前景遠大，在於應否出售公司的問題上，行政管理層和董事會都爭持不下。

我們想出了解決辦法，就是安排審計師進行專業評估。報告顯示公司的潛在價值應該超過收購價，最終董事局否決了收購建議。今日回顧，結果正如所料，現時電盈股價遠超過了投資基金的提價。在電盈的幾年，在工作上沒有辜負《金融時報》那篇報道對我的期望。

最深刻的感受卻是整個訊息的領域變化和進步速度，快得令人窒息。我到任的時候，是固網電話由地下銅綫換成光纖網

上／　2007 年，第三屆「蘇澤光盃」在東莞峰景高爾夫球會舉行

下／　電訊盈科運動同樂日

絡的年代，多謝在港接受教育的高錕博士，其發明的光纖釋放了容量，話音變得不值錢，寬頻則可以容納無限訊息。接着帶來的是 3G，一般人還不完全了解甚麼是 3G 時，又來了一個 5G，都是在增加頻譜的覆蓋面和準繩度。

與此同時，電腦的算力以幾何級數增加，晶片的半導體的容量每年增加不知多少倍，人工智能的計算速度可媲美或超越人類。在電盈能夠接觸到這些高科技，等於為我開啟了一個新世界，當年還有幾次機會到訪華為，誰又會想到華為有今日的成就。

第二次退休

2007 年，這次可以算是我的第二次退休。我和太太約了幾對好朋友夫婦，包括劉漢強，登上郵輪，朝着夕陽航行到海天相接的地方，一直去到阿拉斯加，這次是我第三次的郵輪之旅。第一次早在八十年代，我還在貿發局工作的時候參加了 YPO —— 一個世界性的「年青總裁協會」(Young Presidents' Organization)，行程從英國出發到地中海，停了在西班牙、意大利和北非幾個城市。一班好朋友，包括馮國經、鍾普洋、羅仲炳等，談天說地。食物豐富，一天有七餐，又有幾次用直升機帶來政治家及名人，包括當時的以色列總理，向我們發表演說，晚上有娛樂表演。十天的行程不愁寂寞。

第二次坐郵輪是我在地鐵工作的時候，行程是加勒比海，到了墨西哥一個小鎮阿卡普科 (Acapulco)，那裏最聞名的是懸崖跳，十來個小伙子從幾十呎高的懸崖垂直地跳下窄窄的海灣，實在非常驚險。在刺激的同時卻對這些年青人產生同情，為了生活而作這樣的冒險。看了這個表演之後的第二天便收到電話，要我盡快到紐約簽署一項發債文件，當時還有四五天的行程未完成，但我已經覺得玩夠，並沒有遺憾離開。在清晨五點形單隻影安排落船，有專車送到附近的小機場。

這次前往阿拉斯加是私人的旅遊，雖然沒有職務在身，也沒有電話着我到哪裏進行公事，我看完一片白茫茫的雪地和幾隻北極熊之後，已經覺得沒有甚麼刺激，太太卻非常享受這種悠游寧靜的旅程，批評我說：「你一世人都不可以靜下來，享受吓大自然。」我又靜靜地安排在一個小鎮下船離開了，太太已發誓，從此不再和我坐郵輪出海。

回港後不久收到政府的電話，要我考慮回到香港貿易發展局擔任主席。我一直以貿發局為榮，主席一職能夠實現更多的夢想，加上我從公務員系統中說服了林天福加盟共事，更是錦上添花。

營商經歷

我曾多次進出官場和商場，包括多次被委任到公營機構例如地鐵、貿發局及機管局等，不時被邀請到大學和年青人交談，間中被問到我的管理哲學。

多年來磨練出來的一套習慣、心得，亦官亦商背景實在為我帶來不少機會，做事方式揉合了兩方面的優點。官方機構為人詬病的是做事「搬字過紙」，只講步驟而不急於目的，一般並沒有明確的指標。而商界最重要的指標是盈利，亦即是股東的回報，但有時會只顧賺錢。在政府的年代，曾經忍受過五六個小時的會議，之後只看到更加冗長的會議記錄，但看不到有後續的行動。相反，在商業世界，老闆可以透過電話問一兩句，便作出一項決定；在私人機構工作，我已學會了不要立即執行，老闆隨時兩小時後改變主意。

回顧我在貿發局和地鐵兩個公營機構的工作，最終目的是服務和盈利兩兼顧。分別要求有明確的、可以量度的指標，這樣不但可以增加財政獨立性，更加可以增加服務的價值和認受性，包括用者自付。當然公共機構的使命是服務社會，不能以盈利為最大目標，需設立一定的監控機制。巧妙的是，兩個機構都因改善服務而增加收入；地鐵更因為有上蓋物業發展的渠道，成為了世界上唯一有盈利基礎，可以成為上市公司的城市交通系統。

總結而言，最佳宗旨是在公營機構實行商業原則，盡量做到不依賴公帑津貼；而在私人機構的營運模式，則盡量加入社會服務的元素，例如在電盈的年代，思考如何把服務做到最能滿足大眾要求，自然會帶動盈利上升 。

無論是乘客、觀眾或是顧客，都是公司最重要的資產。在地鐵時給予同事們一個挑戰，地鐵系統每天三百多萬載客量，如何提供各種服務，讓每個乘客願意在地鐵站內花多一元，那麼每天的收入便可增加三百萬；此後地鐵服務日趨多元化，在廣告、商場、地產及支付系統八達通等多方面蓬勃發展。貿發局亦由一個本來要依靠政府大量津貼的機構，不但轉為自負盈虧，還因為把活動商品化，例如所舉辦的工業展覽都收取市場化的參展費後，有可觀的盈餘。而另一方面，上市企業電訊盈科，亦朝着全方位服務客羣的方向，做出產品多元化，引入寬頻、收費電視，重返移動電話市場等步驟。

在人事方面，抓的重點是士氣，同事們一定各有優缺點，就像自己一樣，所以要知人善用，但對一些工作態度極差的員工，必須去蕪存菁，否則會影響四周同事的積極性；要同事投入工作，不但要從他們的薪酬福利着手，更要他們帶着對公司的自豪感工作。例如機管局在幾年疫症的困難時期，不減薪、不裁員，還在虧錢的情況下，大量投資機場擴展工程，亦投資在員工綜合大廈，包括條件一流的員工餐廳、運動室、航空學院、托兒所等等，因為我們深信機場必有重開的一日（結果在兩年後回復正常），屆時我們需要所有員工的幫助以及他們的積極性。這個做法得來的效果是，同事們不單堅守崗位，在困難時期維持機場的運作，協助政府做各樣檢疫防疫措施，最重要的是能一鼓作氣，在最艱難的四年內完成大幅填海和建造新跑道。

重視公司的形象，經常以形象危機提醒同事，除了小心做好自己的工作，達到公司服務、盈利及股東的要求外，更加要注重顧客和社羣對我們的觀感，良好的形象要經過長期經營建立，但卻可以輕易毀於一旦。

在財務方面，要做到在大處落墨，不斤斤計較之餘，但要清楚知道小節，並讓同事知道你是留意到小節的。所以我在多個崗位，對自己的執勤也有要求，經常到最前綫親自視察工程或營運的進展，在地鐵是凌晨走隧道察看維修工作，在機場也是親自到工地聽取報告。這種做法，一方面是鼓勵前綫員工，另一方面對中高層同事起示範作用。

回顧過往數十年擔任的多個職位，我非常感恩，到處都遇到對我極為支持和關懷的同事，大家同心協力作出不少對公司、對整個香港社會的貢獻。

第十一章

重返貿發局

時隔二十多年，過去在貿發局發起的業務都已蓬勃發展，不但能自負盈虧，而且財政穩健豐厚。2007 年至 2015 年我獲政府委任為貿發局主席。

會議展覽中心不僅在貿易展覽及內地和海外活動上取得成功，也擴建到第二、第三期，是舉辦大型社交活動的理想場地，新世界集團在逆市中投資獲利不少，這是他們有眼光投資的回報。

這次重回貿發局，決定將重點放在如何將香港和內地同步推向世界，利用海外辦事處與大幅擴展的聯絡資料庫，與內地多個城市合作，組織代表團出訪海外各大市場。香港的專業人士也有參與其中，尤其是銀行家、律師、會計師等，以便進行後續工作。八十年代任職期間協助過的許多公司，大多已發展成重要企業，在美國或本港上市。如今，這些公司已經不再需要貿發局的推廣，但新一代的公司不斷形成新的需求。

亞洲金融論壇

貿發局在推動香港經濟轉型過程中發揮作用，八十年代從製造業轉型作轉口港，製造業大多北移到珠三角、長三角設立的各個工業園，貿發局在香港的工業展覽會發揮了接待買家、接受落單的作用。隨着貿易蓬勃發展和香港的工資大幅提升，地產業和金融業隨之興起。七十年代，只有美林證券一家有代表辦事處設在香港，後來也被本地券商新鴻基合併。時至八十年代，華爾街的各大投資銀行，紛紛來港設立分行，進行財富管理、收購合

上／　首屆亞洲金融論壇

下／　香港影視娛樂博覽

併、上市融資等金融業務。至千禧年代為了進一步推動這個潮流，貿發局創立了每年一度的亞洲金融論壇，首屆於 2007 年舉行，每年邀請全世界包括內地的銀行高層、基金經理、證券商及中央銀行等共聚一堂，兩天的會議涵蓋世界經濟各項議題，漸漸成為國際上重要的財經聚會之一。

這裏發生一段小插曲。我作為貿發局主席，在亞洲金融論壇作開場白時開了玩笑：「談論世界經濟不必一定去瑞士達沃斯（Devos），那裏冰天雪地，而香港風和日麗。」達沃斯是世界經濟論壇每年年初開會的地方，該論壇已被公認為最頂尖、最有影響力的潮流領導者，我自己也從八十年代起出席多次。這個玩笑不幸開大了，居然有人向瑞士論壇的主腦施瓦布教授（Prof. Schwab）打小報告，說是我對該論壇的取笑，聽說引起了博士對我的不悅。幾年後，施博士來港出席宴會，我有幸在席上向他解釋和道歉，並說我是他多年的粉絲，大家在談笑中冰釋前嫌。

總裁林天福提出好主意，他提議以「Think Asia，Think Hong Kong」的名義進行一連串在歐美的促銷活動，將香港視為通往亞洲的橋樑，也邀請當地商界有份量的講者見證，分享透過香港進行商業活動的活力和效率。這些促銷活動每次都引來上千名賓客，亦促使各項交易的達成。

另外，貿發局每年組織倫敦精英商業團體在五星級酒店聚餐，而作為主席少不免要致歡迎詞，我通常先講幾個笑話，當地的英國紳士都熱烈拍手，我感到十分鼓舞。

為了推動另一項服務業 —— 娛樂事業，包括電影、電視、音樂和互聯網等，自 2005 年起貿發局舉辦每年一度的香港影視娛樂博覽。除了香港電影金像獎（HKFA）之外，另外兩項令我印象深刻的活動，一項是香港亞洲流行音樂節（HKAMF），請來亞洲各地的樂團、歌手表演，開創了本港音樂盛事的先河。另一項是香港亞洲電影投資會（HAF），同事構想出籌辦電影劇本配對投資者的面談場合，十來張桌子輪流由劇本作者接見有興趣的投資者，如此撮合了不少本港電影的製作。

這裏也有一段小插曲，開幕典禮時請來了著名歌手黎明，我上台時恭敬地和他握手介紹自己，他卻和藹地說：「不必介紹，我早已認識你，你不知道你曾經請我為電盈唱廣告歌嗎？」我笑說：「你唱的應是別家電訊的廣告歌吧，我有聽過。」隨後一次去聽他的演唱會，在數千觀眾面前叫我名字，也令我風頭一時無兩。推動娛樂界的業務，也令我認識了不少影視人物。

我在推廣香港專業服務的同時，也積極參與國際會議，例如上文提及的世界經濟論壇。早在 1982 年，我跟隨當時的老闆馮先生首次參加此論壇的會議，有幸見過現任國家主席習近平的父親習仲勳，還為他做過一些翻譯工作，可惜當時智能手機還未面世，結果沒有合影留念。2017 年，習主席到香港機場視察擴建項目時，我提起了這經歷，他只作微笑。

在私人方面，我被任命為北京市市長的商業顧問。自從出任香港地鐵公司主席及總裁一職，有幸受邀加入各種公司的董事會，包括滙豐銀行、友邦保險和國泰航空等，還應要求擔任公司及銀行的顧問，其中有煤氣公司和瑞信銀行等。

政治協商會議

在人民大會堂留影

曾經擔任深圳市政協委員五年，並連續兩屆當選為第十一、十二屆全國政協委員。在全國政協十年的任期內，每年都需赴北京參加為期兩周的會議。早年在新鴻基證券年代，也在北京駐守過代表處，因此對北京相當熟悉。十年政協給我感受很深，不但能認識很多各行各業以及來自各地的委員、各部門的官員，而且也有機會聽到國家主席、總理等高官解釋政策，小組討論時可面對面向他們發表意見。

有一次被點名要在領導會見港澳小組中發言，我當然覺得榮幸之至，但這亦是一項挑戰，因本人的普通話極為普通。當時香港社會氣氛有點氣餒，我發表的題目是針對當時醞釀的一股反中亂港的情緒，而且在國家快速增長的背景下，經過 2008 年金融風暴，香港受到的衝擊比內地為大。有很多人開始懷疑，香港是否能繼續扮演國家對外樞紐的角色，會否被神速增長的上海邊緣化。

我於是根據自 1981 年在北京擔任駐京代表以來四十年改革開放的經歷，寫了一份發言稿，而且找到一位前電台播音員為我惡補普通話。重複聆聽講稿的錄音後，我終於挺起胸膛，在領導面前發言，我自問：香港人為國家成就感到自豪的同時，不忘自我檢討，今日強大的、繁盛的、先進的、開放的祖國還需要香港嗎？香港是否逐漸被邊緣化，失去了利用價值？

隨即逐一舉例，引證香港還在六個方面可以為國家作出貢獻：一、金融，為內地作為資金『引入來，走出去』的門戶；二、物流，香港一向是世界一流的物流樞紐，空運方面長居首位，為內地生產的高價值產品出口到海外；三、貿易，雖然製造業多年來已工序北移，但商品貿易仍需經過香港；四、創意工業，涵蓋電影、音樂及多媒體等領域，香港人才輩出，亦在專業和國際行銷方面佔優勢；五、城市規劃，香港地少人多，但仍然保持約 40% 的面積屬於受保護的郊野公園，交通網絡發達；六、一帶一路，香港在融入國家這個發展大計可以扮演積極角色，在航運、財務、法律、建築、工程和工商管理等發揮不同作用。

總結是香港人不需要氣餒或妄自菲薄，堅持一國兩制，堅決反對港獨，為未來發展創出一條光明大道。時任特首梁振英先生甚為欣賞，把全篇文章傳給港府高官。（全文見附錄二）

政協的經歷，令我親身體驗到中國特色的民主，並不是西方形式那種民主：兩大黨派在鏡頭前互相廝殺表演做戲，爭取民粹支持；政客們不論好歹，最重要是得到選票，保住官位議席。中國式的民主是透過協商得到共識，不會在公開大會上爭吵，但在會前的小組討論可以自由發揮，對政策作出各樣提議和質詢。除了口頭發問外，還可以作書面提案，而每個提案都一定獲得有關部門答覆，這也是一個有效的民意表達方式，以及對政府的監察。

會場之外，委員間建立了友誼，我們每年都共同生活兩個星期，彼此成為好朋友，退下來之後也成立友好協會，每年舉辦活動，保持聯絡。

梁振英（CY）是專業測量師，本港最大測量行戴德梁行大老闆，身材高挑。他發言不多，但言中有物。最記得第一次和他在一個公眾研討會上見面時，那時我剛接任地鐵主席，他坐在台前突然問一句：「你認為香港的交通系統是否應該向鐵路傾斜？」這是我第一次學習到中文「傾斜」一詞。

他在 2012 至 2017 年任香港特首，此前是多屆行政會議召集人，特首任期後更被推舉為全國政協副主席，尊為國家領導人。我雖然一直對政壇不感興趣，但卻經常被政府委任到公共機構例如地鐵、貿發局、機管局等擔任要職。其實還有兩項工作，可以說是卻之不恭，分別是香港電影發展局及香港與內地經貿合作諮詢委員會主席。

香港電影發展局

經歷了八九十年代的黃金歲月，香港電影到了二十世紀末期開始式微，內地市場尚未開放，各種媒體內容泛濫，加上當年黑勢力滲入娛樂圈，作出各樣威脅勒索，引發了極為罕見的明星遊行抗議（1992 年 1 月）。我本來與電影界風馬牛不相及，但在電盈年代經營 Now 收費電視，其中兩條頻道播放本地電影，本地片的產量已跌至十多部。有見及此，行內的有心人，包括電影製作人江志強、監製及編劇馬永及方和律師等，安排一次行內人的「訴苦大會」。場地是在六國酒店，我也被邀請出席，席間聽到了不少資深導演和技術人員包括攝影、燈光、編劇以至武術指導投訴，他們面臨失業，希望得到政府幫助。我腦海中的第一反應是 —— 找 CY，以請他看電影為藉口，介紹他認識這班圈中人。

他對我說：「你這麼熱心，那麼你想辦法吧。」在他的支持下，我找到了電影界粒粒巨星幫忙，包括林建岳、陳可辛、黃百鳴、吳思遠、陳嘉上、施南生、張婉婷、黎筱娉等推動成立香港電影發展局，並由政府注資電影發展基金投資本地電影。自 2007 年 4 月成立起，我出任電影發展局主席。

面對這些資深電影人，我作為主席實在有些膽怯，幸好有好朋友林建岳和王英偉兩位的扶持，推動設立一套制度，以審核批准撥款資助。基金規定每套電影只資助六成，其餘要製片人自己籌集。實際上如果得到基金認可，再求得餘下的四成並不困難。除此以外，電影發展局又以「香港電影 New Action」

為口號，組團前往內地和東南亞市場宣揚和集資。如是者三年內投資了二十七部本地製作。期間也做了不少幕後培訓和支援工作，例如在浸會大學設立電影學院，首創本港通過衛星接收數碼化拷貝，甚至成立了武術指導訓練班等。

我在電影局積極探索各個電影範疇。除了審查申請撥款劇本的報告之外，也非常享受有機會去探班。其中一次到《歲月神偷》拍攝場地上環永利街附近的舊區探班，由任達華和吳君如領銜主演，電影反映五六十年代大部分貧窮香港人的奮鬥精神。可能因為主題正面，得到觀眾共鳴，這部片票房成績奪目，在 2010 年第二十九屆香港電影金像獎拿下了最佳編劇、最佳原創電影歌曲和最佳男主角，以及最佳新演員獎等四項大獎，可以說是票房和口碑都風光的一部優質香港電影。而兩位大明星到今天，見面也會和我打招呼。

與年輕導演合影

另外一部電影基金投資的受歡迎電影是 2013 年上映的《狂舞派》，是由熱愛電影的曾麗芬（Winnie Tsang）投資、新晉導演黃修平拍攝的青春跳舞電影，主角以大學生為主，青春勵志和充滿本土色彩，令人看得熱血沸騰。在灣仔拍街景的時候我到場探班，電影沒有大明星，全靠劇本演技和適合年青人口味取勝。這個題材在我離開之後還拍了第二和第三集，掀起陣陣熱潮。

在我擔任貿發局主席八年期間，大力推動電影娛樂事業，每年舉辦大型的影視娛樂博覽，組織電影代表團參加世界各大影展，包括康城、威尼斯等。這一連串的舉措帶起了本地電影一片復甦氣氛，直至龐大的內地市場開放，香港的電影人，包括當年在六國酒店愁眉苦臉的專業人員，已在內地大展拳腳，工作應接不暇了。

經貿委員會

另外一項我少有自薦的工作，是 2013 年成立的香港與內地經貿合作諮詢委員會，就加強香港與內地在經濟貿易及相關範疇合作所需的政策及推行策略，向特區政府提出建議。回顧當時環境，政府在 2003 年《內地與香港關於建立更緊密經貿關係的安排》（CEPA1 、CEPA2）出台後，雖然經過一輪工序北移和香港地產界投資內地的熱潮，亦有越來越多的內地公司利用香港上市集資，走向世界市場，但是兩地在生活程度、物價、法律專業認可、醫療、教育等方面仍然差距甚大。

經貿委員會成員在禮賓府合照

在一次與 CY 的閒談中，他特別提出珠江三角洲的一體化，而我也附和說可以先行先試幾個區域，盡量沿用香港制度，例如橫琴、前海和南沙。他即時決定成立一個委員會，並說：「由你帶頭當主席。」邀請在大灣區富有經驗的廠家和商人加入其中，包括李宗德、鄭家純、吳宏斌、林建岳、林筱魯、施榮懷、彭耀佳、黃小峰、楊釗、魯恭和鍾志平等。

隨後我和各委員通過特區政府和廣東省的溝通，推進了不少有關人流、物流、資金流的互通和合作，專業的互相認可措施。最新的「十四五」規劃更把珠江三角洲、香港和澳門的一體化昇華到國家政策，即是大灣區發展計劃。

珠江三角洲以至整個廣東省和香港的經濟聯繫，多年來備受關注，包括人流、貨物、金融互通，各種專業的互認，CEPA1、CEPA2的設立，各種政策試行特區包括前海、南沙。以至現時大力推行的大灣區計劃，配合港珠澳大橋和其他各種交通工具，例如高鐵等，讓九個城市產生協同效應，超越原來的界限，惠及大灣區超過八千五百萬人。大灣區的生產總值和經濟能量已超越韓國和德國，而且還有巨大潛力再擴張，但需要「打成一片」，以發揮更大能量，期間曾多次請教利豐集團主席及經濟專家馮國經博士。目前還有一些障礙，單說人流來往，每次過境要過兩重關、排隊兩次，在今天多項高科技措施如人面識別、鏡頭監控等操作之下，實在有檢討過境措拖之必要。四年前我在機管局公務機新候機樓開幕致詞時，提出大灣區大幅簡化通關程序的概念，目前已逐步實現了，人民的自由來往定必可以帶動經濟再創高峰。

河套區重歸香港

當時還有一個小故事，委員會察覺到香港與深圳接壤處有一片大約一平方公里的土地，在深圳河治理工程把河道裁彎拉直後，被撥入深圳版圖，並交由深業集團發展大學城。我們一致認為，應該把該處作為兩地合作的示範區，業權回歸香港，並且把用途轉為高科技發展。這個建議遭到個別的深圳官員反對，他們亦不無道理，因為深圳在高科技發展方面已是世界首屈一指。

經過多次商討和不同委員在深圳作游說，終於由當時的深圳書記馬興瑞主持會議，席上座位分兩排，左邊是香港代表，右邊是深圳政府代表，各自陳述理由，最後馬書記拍板。他表示：「深圳有足夠條件和土地資源開發，而港方提出這個雙方合作的新嘗試是創新的，應該交還香港作發展和管理。」回港後，我立即向 CY 報告這好消息，他在禮賓府設宴邀請了經貿合作委員會的全體委員表示感謝。

最近河套區港深創科園已有實質進展。我在感到興奮之餘，卻擔心香港推動高科技的條件並未成熟。在 STEM 教育方面，學生和導師人材都不足，這是源於過往數十年香港金錢至上的精神，使莘莘學子皆嚮往商科、醫科，較少人願意選學習時間長的數理化科目。

香港的長處在於把科研成果商品化、上市融資等，比亞迪(BYD)電車、騰訊網絡及大疆(DJI)飛行器，以及商湯人面識別等，皆是內地公司在香港上市的成功例子，證明在企業金融化、上市融資方面，仍是香港的優勢，香港市場將科技發明商品

河套區發展概念圖

化和應用化的能力首屈一指。八達通的晶片不是我們自行研發的，但能把一張車票變成電子錢包，然後全城通行，則是香港人的聰明；寬頻電視、香港機場的無人駕駛也領先世界，成為其他城市爭相仿效的對象。目前人工智能科技高唱入雲，但應用尚未普及，香港青年一輩一定會用靈活的頭腦，找到商業化的途徑。

香港轉型為高科技中心的概念並不是第一次提出，希望今次轉型的全盤計劃，能真正達到目標。

河套區十二年前能夠歸還香港管理，是得到市委書記馬興瑞的大力支持，雖然香港發展高科技的條件遠不及鄰近的深圳，但我們這個擁有高消費水平和渴望接受新事物的市場，是高科技產品最佳的實驗室。在香港的試驗成功後，將吸引世界各地爭取模仿，這也是地鐵、電盈、機場在世界各地取得顧問合同的原因。今天，河套區也發展成為港深創新及科技園，剛引入首批科研公司，尚要努力掀起創業熱潮，聚集創業資金。

河套項目的成功爭取，也要感謝我的朋友高振順在幕後做了不少工夫。高振順是我幾十年的朋友，九十年代我們差不多每週末都會到中山高爾夫球場，一行七八個香港朋友都在三鄉打球、吃飯度過週末，非常開心。老高玩得出色，為人認真，高爾夫球、滑雪、爬山樣樣皆能。他的優點在於洞悉先機，無論是電子、風力發電、電影串流、電商、虛擬資產及沉浸式體驗等，都要跟他學習。另外，他對於本港金融市場的操作十分清楚，能以最有效的途徑進行上市收購合併，簡直是一人的投資銀行。他在內地的人面相當廣闊，不少內地企業向他請教如何在香港開展生意。

最難忘的是在全國政協時期，每年有兩週要在北京開會，他曾多次在會期完結後，派車接我到北京附近的張家口滑雪場，那是我們的朋友林志華投資的項目，備受他的特殊照顧。而我本來只是「玩玩下」，他卻非常認真每天不停滑八小時，連續十天也不累，反之我每天只可以滑四小時，還要經常喝咖啡休息，回去後又要按摩，三天後已經累到不能再動。我也受到他的鼓勵，開始夠膽上較難的雪道。

2019 年 8 月我們到新西蘭皇后鎮（Queenstown）滑雪，我剛從較難的雪道滑下來，就接到從香港來的電話，林天福焦急地說：「機場已被近萬個抗爭者擠滿了，還發生騷擾、毆打事件，你要立即回來。」我隨即收拾一切，踏上歸途，每到一處機場便通電話，與警方找尋急速解決問題的方案，亦吩咐公司法律部門立即向法庭申請禁制令。事情獲得解決之後，我對老高說：「你教我如何從高山滑雪下來，我成功了，這就給了我信心解決更大的問題。」這件事的詳情，後文再敘。

歡送儀式

在擔任貿發局主席之職經過三次續約，我終於在 2015 年退下火綫，同事似乎感受到我這次退休的「誠意」，為我舉辦了一場大型的歡送儀式。員工甚至製作了一段名為《Jack 建造的房子》的短片，列出我在貿發局、地鐵、香港電影發展局、Now TV 、香港大學及香港管弦樂團等組織所做的一切。

回顧當總裁七年、任主席八年的日子，貿發局作為一個非政府機構的實體，對香港經濟發揮了巨大的作用。推動貿易是它的初心和本性，但手法是通過創新，從利用公私合營模式興建會展中心、創立各行各業的貿易展覽，至建立用者自付的模式扭轉依賴公帑習慣而達到盈餘，以及創立買家和廠家網上交易平台等，無一不是由一隊充滿理想和想像力的團隊發揮集體創意的結果。

着實貿發局每一個活動都帶動了潮流，製造業工序北移、接待內地招商團、在內地成立香港工業園……不同的展覽亦各自發揮功能，書展和附帶推廣活動帶起了年青人的閱讀潮流；每年一度的巴塞爾藝術展（Art Basel）助香港發展成為藝術品交易和拍賣中心；美食博覽為日本帶來了香港和內地這個最大的海鮮農產品市場……之後幾年香港逐漸成為服務中心，亞洲金融論壇、香港影視娛樂博覽以及成立香港電影發展局等措施及活動，推動了各個服務業的主流發展。

總的來說，貿發局是香港經濟過往四十年兩次轉型的「火車頭」，由製造業到轉口港，再轉為服務業中心，每次轉型都配合了國家政策，與大灣區緊密合作。我已離開貿發局多年，但多得同事們經常保持聯絡，我知道他們正在積極推動香港的另外一次轉型，向高科技產業進發。

迄 2015 年，我已三度退休。從地鐵總裁及主席的位置上退下來時，地鐵的同事和員工都祝我退休生活愉快。第二次從電訊盈科退休，同事們都熱心答應，將來經常來探望這個老同志。

非洲之旅

上次退休是坐船，這一次從貿發局離開，我隱隱有種返回大自然的念頭，於是和太太遠走非洲肯亞，觀看著名的動物大遷徙。

吉普車一路顛簸，載着我們逐獸羣而去。起初只見沙塵滾滾，隱隱見到成千上萬隻斑馬、角馬、羚羊、水牛，奔騰不息，俯角喊聲連天，揚蹄橫沙立土。草原上的素食動物逐水草而居，過程中最大的一個考驗就是過河，因為河上有無數巨型鱷魚，等着飽餐一頓。獸羣起初堆在水邊，由年輕力壯的領頭，縱身入水，仰首泅水，跳上對岸。然後獸羣不分種類、老幼，涉水渡河。

只需一個失足、一個撲騰，一道水花，那可憐的生命便喪生鱷口。老弱者若站立不穩，同樣消泯在滾滾洪流中。河水渾濁，倏忽間血色已被河水淘盡，也看不出半點生存的痕跡。動物之中得以登上對岸的，將在那邊繁衍後代。

我們的吉普車又跟着獅羣獵食，看牠們如何埋伏、包抄、圍堵，絕無網開一面。大草原上的河馬、飛鳥、獵豹、野豬……牠們的種種行為，令我腦海中浮現一句話：「物競天擇，適者生存。」

這日，我在有空調的茅屋旅館中收到一個電話，是 CY 打來的。他問我身在何處？我說我正在非洲旅行，不久之前還看了獅子，他邀請我旅行完畢去英國找他。我反正都會去英國，所以爽快地答應下來，以為只是去敘敘舊。我們相約英國騎士橋（Knightsbridge），我和太太帶着小女兒與梁振英一家人吃飯。

侍應撤下主菜碗碟杯盤，待上甜點的時候，梁振英站起身來，對我說：「和你到旁邊談兩句。」我們一道離開餐桌，他說出約我的目的：「Jack，我們需要你重返職場。」我有點意外，說：「我已經退休三次嗰。」

他先把原委相告，現在香港赤鱲角機場已經達到飽和，預計十年後旅客的數目會超過八千萬，所以亟需在機場加建一條新的跑道和配套設施，包括候機樓、地下接駁鐵路等等。他又說：「你要知道我們有兩個小問題，第一機場無地方擴建；第二要想辦法籌錢。」這個說法似曾相識，當年香港大學校務委員會主席馮國經要求我主理校舍擴展的時候，也是面臨同樣缺資金、缺用地兩個問題。

未等我稍作考慮，梁振英已經補上一句：「我知道你喜歡做難事。」我心中感到興奮，但假作鎮定，只作出一個要求，就是和林天福一起去機場管理局。梁振英知道我們多年來合作得宜，一口答應。

第十二章

衝上雲霄

機管局的中環辦公室在歷山大廈，就是四十多年前參與新證工作的地點，命運的安排令我走一個大圈後回到原地。

答應擔任機管局主席後，便和林天福（Fred）仔細研究新任務帶來的挑戰。機場第三跑道的方案早於 2011 年由機管局發表，由於機場容量已屆飽和，面對旅客和貨運需求不斷上升，董事會決定興建三跑系統。當時社會上充斥着各種反對聲音，包括反對破壞環境、反對浪費公帑等。三跑工程建基在一個新填海區之上，可能影響到生態環境，海域中也棲息着瀕危的中華白海豚。城市規劃委員會收到幾千個反對意見，並有六項三跑相關的司法覆核尚待解決。與此同時，反中亂港氣氛初起苗頭，反對派出於在政治上的要求和政府對立，大力阻撓政府提出的工程。整個計劃耗資約一千四百億，以當時的政治環境，實在不可能得到立法會撥款。加上當時傳言機管局董事會內部有爭執，總裁許漢忠辭職，前任主席張建東不幸離世；三跑航道面向的方位有可能進入深圳機場空域範圍，也聽到不少閒言閒語。總而言之，這是一個急需整頓的局面。

2015 年，我就在對三跑的各種反對聲音中，上任機管局主席一職。

當機立斷

我們以最短的時間委任財務顧問，立即審視如何籌集所需資金，得出的決定就是：三跑計劃將不會向政府財委會申請撥款，而是根據機場本身的信用評級發債。有了這滿腹計劃，接踵而來的工作被提上日程。

三跑系統遇到的多方面反對包括環保、空域航道等，最後在一個關鍵的董事會上，仍有董事堅持不同意在司法覆核和城規會的爭拗未解決之前開展填海工程。作為主席，我鄭重地說如果拖延開展工程，將是鼓勵反對聲音繼續抗衡，反而若我們當機立斷，則會有正面結果。終於說服了董事會，大多數贊成通過開展工程的建議。隨後也一如所料，反對聲音平息了。

在我們宣佈啟動計劃和實施一系列環保措施後，社會上大致接受，鬆了一口氣，事情卻又起了變卦。原本我們信心十足，計劃以一個合理的價格從廣東獲得足夠的海砂，作填海之用。豈料，海砂的價格不但飆升四倍，而且廣東壓根兒沒有供應，我們要立即另尋資源。終於從週邊地區，包括菲律賓、馬來西亞及廣西取得供應，以滿足龐大的填海用料需求。我們和承辦商共商對策，最後在珠江三角洲設立十多個石礦場，磨石成砂。

在實際施工的時候，海床處理也構成一個巨大的挑戰。當地的海床不但充滿垃圾，而且淤泥層甚厚。於是我們嘗試使用一種嶄新的方式——「深層水泥拌合法（Deep Cement Mixing，DCM）」，把水泥以小柱狀灌漿式打入海床，將之與淤泥凝固，無需清除及運走海泥之餘，亦能夠減少產生水中懸浮粒子，降低對附近生態環境及水質的影響。在海砂供應和海床處理兩方面，都立下非常好的先例，為日後政府需要大量填海造地的工程，樹立榜樣。

動工後一年，適逢香港回歸祖國二十周年，習近平主席來港訪問，主持特區政府主要官員宣誓儀式。臨近離開時，他同意來機場參觀，我們藉這次難得的機會解釋機場未來發展計劃。習主席知道各個機場未能就航道問題達成共識，只說了一句 :「相信你們會好好討論，解決問題。」隨後，大灣區五大機場香港、澳門、廣州、深圳及珠海代表成立了協調小組。習主席的來臨，間接解決了香港機場和內地臨近機場關於航道的問題。

國家主席習近平到訪香港機場

暴動和疫情

2019 年夏季，暴動在香港市區爆發，逐漸蔓延到全港各處。8 月 12 日當天，正與幾位朋友在紐西蘭滑雪，我在雪山頂收到電話，說一萬個抗爭者擠滿機場，騷擾及恐嚇乘客。我立刻上機回港，趕忙召集同事和警方高層開會，一方面申請法庭禁制令，另一方面要求警方作好部署。雙方高層在辦事處邊吃午飯邊詳細討論，主持會議的是剛退休後又被請回警隊幫忙的劉業成副處長，他為人爽直熱情，立刻答應說：「我們要盡一切努力保護機場。」

由警方把守青馬大橋、機鐵站及大嶼山碼頭，只容許持有機票或有實際需要的人從這三個通道入口通過，行動也立刻得到時任副處長蕭澤頤的鼎力支持。

機場得到保護，我們繼續步步為營，不敢鬆懈。幸好機場沒有受到進一步破壞，但卻很難說是放下心頭大石。暴徒在香港各處縱火、打人、毀壞地鐵站，出現不法行為實在令人痛心。

在暴亂期間，作為特首顧問團的成員，每次開會面對特首和一眾高官，我都大力要求政府採取強硬的手段對付街頭暴力、網絡暴力。警隊已精疲力竭，疲於奔命，經常冒着生命危險執法，而家人也被恐嚇，政府應有全盤計劃，以封閉煽動網站及截斷基金來源。最重要的是，請求中央政府訂立安全法，否則香港市民將終日生活在恐懼中，生意倒閉，公共服務包括地鐵及機場不斷受到攻擊，不斷說譴責、遺憾等都無濟於事。

其時社會甚為分化，分作黃藍兩派，藍絲是守法而沉默的大多數，而每個公共服務機構包括醫療、教育、法律部門，甚至機場本身亦有黃絲存在。在機場兩次搗亂中，皆由黃絲分子開門引入示威者，另外亦有人把警車鎖上。

終於，2020 年 6 月 30 日中央通過《中華人民共和國香港特別行政區維護國家安全法》，並成立國安機構在香港作出多項強烈行動，包括逮捕和起訴暴亂分子，暴亂逐漸平息。2024 年初通過《基本法》第二十三條，進一步保障國家安全，以及保障香港社會和市民的性命財產。其實從不少起訴案件的審訊中清晰可見，這是一場有組織、有外國勢力直接參與，以及提供金錢支持的顛覆陰謀。

動蕩未息，新冠病毒在 2020 年又來殺個措手不及。全球經濟大受損傷，更遑論機場的生意了。疫情前，香港機場每天接載二十幾萬名乘客；疫情時的機場，門可羅雀。內地嚴陣以待，到處封城，香港亦推行封區政策，處處需要檢疫、防疫、打針及隔離。整個機場除了貨運服務外，處於停頓狀態。亞洲博覽館被政府徵用為隔離中心，更無展覽活動可言。機場賬面出現嚴重虧損，保安公司的員工都要協助政府執行防疫檢疫等各項工作。

然而同事並沒有氣餒，在各樣掣肘下，想辦法推進三跑工程以及提升現有設施，試行人工智能、5G、機械人自動化、無人駕駛、人面識別等，以期在復常後令旅客眼前一亮。

各項工程

我喜歡突襲式約同事午餐。其中一次和工程及科技執行總監梁永基（Ricky）午餐，在偌大的機場員工飯堂，找了一個窗邊位置，俯覽興建中的候機廊。

當時新景點天際走廊和三跑系統已經完成，我感慨地對他說：「Ricky，我們已完成計劃的大部份，你也同步為機場配備最新的科技設施，包括 5G 容貌識別技術，及在機場重要運作環節使用自動化及機械人技術。我們還有哪方面可再進一步，超前其他機場？」他非常同意：「放心，這個努力我們從沒停步，機場一直是高科技一展才華的最好環境，這些試驗有利於完善科研項目。而且我們已設立實驗室，吸引特別是來自大灣區的高科技公司，你也知道，目前試驗中的是『沉浸式廣告體驗』和『3D 立體式安檢機』，配合三維及 360 度的 X 光技術，物品安放在手提行李中即可過關，香港國際機場將會是全球首個全面採用智能保安檢查系統的機場！」

預製組件在東莞先造好，Ricky 在一個晚上搭起巨型的天際走廊，國家地理雜誌也有刊登相關特輯。天際走廊用來連接較遠的閘口，令乘客不需要下機後乘接駁巴士。天際走廊是旅客可到達的機場最高點，在此整個機場一覽無遺，透明步道更可看見飛機在腳下滑行，是很多乘客的熱門打卡地點。天際走廊得以建成，某程度上，這也要感謝大灣區的高科技。我們的優勢在於背靠內地，很多來自大灣區的初創和高科技公司都極想把產品帶來展示，一旦被香港機場接受，等於向全世界的機場發佈這個產品，香港在這方面一直領導世界潮流。

天際走廊團隊合照

自跑道工程的填海啟動以來，我們多次與工程總監前往工地巡視。需要在遙遠的東涌碼頭搭乘工程船，不顧風浪到達填海地點，主要聆聽工程人員報告進度及講解工作程序。工程人員部分來自韓國，這些熱情的韓國人讓我知道，原來這是個 24 小時不停運作的工序；另外 DCM 除了不會混濁海水，還可以固定將來興建的跑道。我們要在搖擺不定的船上大聲交談，起風浪時，工程總監潘嘉宏（Kevin Poole）和三跑道項目執行總監梁景然（Tommy Leung）對我說：「要到船艙休息一下嗎？」我卻笑說不用：「多年來在海上滑水，就是為這個時刻作準備。」

填海工程非常龐大且艱巨，從無到有。從深深的海床上建起一條三點八公里長的跑道。由處理海床上的淤泥和堆積的垃圾，到運載足夠的海砂以填海拓地六百五十公頃，造出土地後

上／　向 HAECO 了解機件維修
下／　機場跑道視察
右／　多次與工程總監前往工地巡視

還要加高到海平面以上，及用多層物料鋪設跑道，以承受飛機升降時的壓力等，這一切都是專門的學問。

Tommy 是個斯文淡定的工程師，接替退休的 Kevin 上任後，提議重新釐定一些合約條款，加快工程進度，又不斷說服政府輸入勞工，終於得到三千名額。我在地鐵時已經常到地盤視察，這次在三跑工地，每次看到一堆堆沙泥、一堆堆鋼材都會問 Tommy：「你趕到時間表嗎？」每次他都笑着說：「不用擔心，很多預製組件已在東莞完成。」一如他說，框架不久之後完成了，大樓也蓋好了。

三跑系統開幕

跑道經過一系列試飛、驗證與評核，終於在 2022 年 11 月竣工，並正式投入運作。

我們自 2016 年 8 月三跑道系統建築項目開工以來，經過六年的努力，期間還克服了前所未有的暴動、疫情和其他各種各樣的衝擊，終於看到一項龐大的基建工程從無到有，不需動用公帑完成。我和各級同事為香港完成了又一個百年基業而興奮，是經濟再次騰飛的新起點。

開幕典禮在機場禁區的中央控制中心舉行，當時疫情並未完全結束，但政府各局長、行政會召集人葉劉淑儀、立法會主席梁君彥、中聯辦尹宗華副主任及外交部駐香港特派員公署副特派員潘雲東都出席了，可見他們對這項目的重視。

上／　迎接 C919 客機滬港綫首航

下／　三跑道系統

典禮由政務司司長陳國基主禮，控制中心主廳呈現眼前，規模宏大，半圓形主廳內的弧形發光 LED 幕牆顯示機場的實時運作資訊，運用人工智能配合逾三十個電腦系統，即時呈現十多種機場運作的數據監察，包括停機坪交通、旅客流量及海陸交通運輸等情況。不同崗位的人員，可以直接指揮機場各功能運作，亦方便同業間互相溝通。從飛機降落到乘客落機取行李，至過關乘搭交通工具離開機場，緊貼全程，確保暢順和效率。新機場控制中心是全球最大的機場營運及管理綜合中心之一，令我們引以為傲。

高潮就是迎接第一班商務客機降落在新跑道，所有嘉賓在監控中心看着大螢幕，飛機緩緩地駛向我們，由兩架消防車噴出水門舉行射水禮歡迎。我向司長說：「這就是香港基建工程能夠按時按『值』完成的光榮傳統。」我們一同見證了這個歷史時刻，同時亦感受到這現代化的監控中心的規模和新科技。

KK 為人誠懇、親切，風趣幽默，我曾到他的官邸晚飯，與一眾朋友包括長隆老闆蘇志剛等吃得興高采烈。他特別讚賞機管局能夠完成這龐大計劃，而不需要政府庫房注資。

左／　　射水禮
上及下／控制中心

三跑工程在不到五年時間，已經填得六百五十公頃面積，相等於三十四個維多利亞公園的土地，並鋪設了三千八百米長的跑道。至於其他配套設施，例如重建第二候機樓，建造新的候機廊、行李處理系統和地下集體運輸等，都基本落成，年貨運則達到一千萬公噸。

這個香港歷史上最大的單一項目投資，共約一千四百億，沒有向政府申請撥款，財政是透過市場發債融資。我們發的債券，連三十、四十年的債券在內，有非常吸引人的低息，在2022年得到多倍超額應購。這無疑是逆境中的一股暖流。有幸當時利率偏低，可以鎖定低息貸款，足以應付公司資本和日常開支。即便在香港最困難的時候，機管局還能夠在國際金融市場籌集到超過一千億的資金，由此可見，國際金融界、各大基金、各大銀行等對機場以至香港的未來發展，充滿信心。

香港國際機場零售債券正式發行

機場的成就首先要感謝董事會多年來的大力支持，董事會成員包括盛智文、陳南祿、歐智華、盧偉國、陳仲尼、林健鋒、趙式明、周雯玲、李律仁、姚建華、王鳴峰、黃冠文及廖志勇等，都是商界和專業界的翹楚人物。他們除了負起監察作用之外，還經常出言獻策，指導機場發展的方向，全心幫助機場繼續為香港貢獻最佳的服務。他們和我私底下都是好朋友，所以有不同意見都可以在開會之前溝通，協商解決。其中對航空業比較熟悉的董事是陳南祿，他是國泰航空的前行政總裁，當時我也是董事，與他共處多年。他為人和藹而率直，樂於助人，碰到難題時，往往能夠提出解決辦法。

同時亦要讚賞我們財務部的能力，當前任財務總監離職後，Fred 問我：「以前我們都喜歡請會計師擔任這個職位，但今時今日，我們的重點工作是融資和財務安排，是否應該找個有投資銀行背景的人選？」我說：「絕對正確。」新上任財務總監的李沛鏗（Julian）上班第一天便對我說過：「老闆，我和你背景一樣。」原來他也是在喇沙畢業，也在美林證券工作過，但不一樣的是我年紀比他大了幾圈，也沒有機會在麻省理工（MIT）學習。他在機管局的代表作，就是發了八百億元的債，其中包括三十年四十年的長債，而利率卻鎖定在三厘以下。城中幾位自視甚高，不容易稱讚別人的地產大佬也豎起大拇指說「無得頂」。

我在多個崗位上也遇上了財政司司長陳茂波，在機場工作的幾個年頭，不單要就興建第三跑道的進展向他作報告，還多次在海外出席國際會議，例如在瑞士世界經濟論壇、倫敦貿發局年度晚宴等，Paul 都是以主賓身份發表演說，盡顯在財經方面的遠見和主動性。

在暴動和疫情水深火熱的三年，同事都盡忠職守，任勞任怨，不但完成本身的任務，還努力推進各項為將來發展的建設。除了三跑和機場城市的多個項目，更進行了在空運設施方面的擴建和提升，使香港機場仍然保持在世界上空運第一的地位，這就是勇於拼搏，永不言敗的香港精神。

除此之外，現有的候機樓亦做了大量的翻新和新科技提升，務求讓廣大市民和旅客重臨機場時，有一個全新及滿意的感受，再次為香港擁有這樣一個先進、高效率的機場感到驕傲。

香港國際機場的卓越成就，實有賴各單位通力合作。其中，特別是政府部門的鼎力支持，包括警隊、海關及入境處等，皆展現出高度的專業與效率。與此同時，機場同業的緊密配合亦功不可沒，包括航空公司的航班營運、維修團隊的技術支援，以及貨運單位的物流協調等，無不體現出卓越的協作精神。各方協同合作，宛如一支水準極高的管弦樂團，天衣無縫地奏出美妙的交響樂。

在機管局的日子，我堅持每年一次和二百多位來自各部門、各附屬公司的高管作「員工簡報會（Town hall meeting）」，面對面傾談，這個活動一方面讓我有機會講出公司的觀點和未來的發展方向，另一方面讓參加的同事提出關注甚至投訴。

在疫情期間的簡報會，除了感謝員工在最困難的時候為公司作出的努力外，最重要的部分，就是我向他們保證，不裁員、不減薪，並請他們準備好，「疫情快將過去，機場將再次起飛，香港將再創高峰……請大家抖擻精神、做好身心方面的準備，待有利機場及香港的時機到來時，飛機將會再翱翔天際，為香港帶來商業發展及繁榮。」（全文請見附錄三）

機場五環構想

2015 年加入機管局之初，曾為機場的擴展作了一個五環的構想。五環的中心是現有機場，除了三跑工程外，還有多項升格的項目，包括人臉識別、機械人、人工智能無人駕駛等。

第二環是亞博館和航天城，我們決心把亞博館發展成為會議展覽及表演場地，幾年來相當成功，展覽會人頭湧湧，演唱會場場滿座。由新世界發展負責的航天城（11 SKIES）是一個前所未有的創舉，銳意打造成整個大灣區獨一無二的旅遊點。在貨運方面除了菜鳥集團建造二百萬呎物流中心之外，還有中國郵政、DHL、UPS 等公司設立或擴充設施，香港機場將繼續保持空運一哥的地位。

第三環是指整個大灣區，包括廣州、深圳、澳門等九個城市，人口八千多萬，也是世界高端製造業的集中地，是香港機場吸收貨物和旅客的大後方。我們在二十多處設立登機櫃檯，乘客在托運行李，取得登機牌之後可直接坐車或船到機場登機，不需再辦過關手續，省時省事。貨運方面也在東莞設立物流園，收集空運貨物，並當場清關，由水路直來機場；比起陸路運輸要拐大彎，便捷省錢。

第四環是指中國內地，機管局除了在珠海、上海虹橋和杭

馬雲（左）到訪

州參與管理機場之外，和其他內地機場也保持緊密聯絡。

第五還是指面向全世界，我們在疫情結束之後，已送出五十萬張免費機票給各地旅客，目的是盡快爭取空運復甦，特別是增加訪港旅客方面。香港機場在多方面與世界接軌，包括參與國際重要指標比拼研究，成立航空學院全球招生，設立顧問公司為海外機場提供設計及營運顧問服務，以及積極響應習主席提出的空中絲路，籌備新航綫直達多個絲路城市。

張李佳蕙（Vivian）多年來是機場的「大家姐」，是負責整個機場的首席營運統籌，包括與其他機場夥伴、政府部門和航空公司合作和聯繫。她以往在上海虹橋和珠海機場擔任管理，並且跟世界上其他主要機場的管理層關係甚好，我很高興 Vivian 非常支持並積極參與空中絲路的構思：「我們應該從容易的目標開始建立，例如開羅原本已有直航，波蘭航空公司也有計劃飛來香港，哈薩克我知道也有這個計劃。」我回答：「啟航前後還要作多方努力，在貨運、客運、旅遊等建立好基礎，才能保證航綫的延續。」我離任機管局的時候，她已被委任為署理行政總裁。

我在機管局已經是第三次連任主席，期間亦與同事籌建了員工綜合大樓，其中包括托兒所、全港最大型的員工飯堂和員工健身室等，也設立了高級貴賓室，以商業原則經營，受到乘客的歡迎。

機管局人力資源及行政執行總監鍾惠儀（Florence）對員工的關懷可以在她辦的托兒所感受到。托兒所在員工綜合大樓，可以收九十個一至三歲小童，設備均是最先進的，更會有兩位註冊護士駐校照顧學生，難怪這托兒所一位難求！在機場工作的年輕父母都希望保送他們的年幼子女入讀。除了托兒服務，員工綜合大樓還有多項設施，水準一流。我不時前往參觀，她會問：「還有甚麼不足的地方嗎？」我笑說：「可能卡拉 OK 房要多一兩間。」

機場幼兒園

空中絲路

2023 年 10 月，我在北京出席第三屆一帶一路國際合作高峰論壇，有眾多一帶一路國家踴躍參加。在我任職貿發局的年代，有幸在非洲及南美各地見證中國出錢出力為發展中國家進行各項基建，包括鐵路、機場、港口及新城市等，獲得當地居民的熱烈擁戴，高興地對着我說：「這是中國人建的醫院，那邊是中國人建的學校！」或是「中國人帶來的是繁榮，不是無休止的戰爭。」令我甚為自豪。更令我感動的是親身接觸到包括在建築、鐵路、電訊及醫療等工作的華人。他們都是三十歲左右的年青人，充滿幹勁。在一個陌生、甚至危險的環境，離鄉別井為當地居民創造更好的生活條件，完成國家任務。我問一位單身青年：「你在這裏生活有甚麼消遣？」他說：「每個禮拜天我們聚在一起。打場麻雀、吃一頓飯，就是這樣度過三年。」為了完成祖國的使命，無數人付出了青春和力量。

這個高峰論壇，不獨令我回想起這些了不起的青年人，更設想如何在目前的崗位對一帶一路作出貢獻。記得習主席在幾年前提出空中絲綢之路的大計，我便在《大公報》訪問中，提出香港機場如何在三跑系統完成後，切實回應，開通香港與一帶一路的空中絲路。

過去十年，中國與沿綫國家的合作項目顯著促進了當地經濟增長，「一帶一路」的基礎條件已經成熟。航空運輸是最快捷的交通方式，香港應積極拓展與「一帶一路」沿綫國家的航綫。香港國際機場已獲得多項國際殊榮，並與多國簽署了航空運輸協議，但實際開通的航綫仍顯不足。希望透過與政府部門及航空公司合作，提升航空運輸能力，增加航班和航點。

隨着香港機場的三跑道系統啟用，機場容量增加了 50%，能夠接待更多的旅客和貨物，這為空中絲綢之路的發展奠定了良好基礎。未來將在航空運輸的需求和供給兩方面發力，特別是在加強供應鏈和物流能力方面，助力一帶一路的長期發展。相信香港將在這一重要倡議中發揮關鍵作用，推動經濟繁榮。

機場城市

與三跑工程同步進行的是，我們積極建設機場城市。建成後將會是全港其中一個最大的商業區，室內表演場地可容納兩萬觀眾。機場城市主體三百八十萬平方呎商場 11 SKIES 已由新世界集團投資興建。

機場城市是一個前所未有的嘗試。不過以往我們也作過多個大膽的嘗試 —— 香港經濟轉型期時在灣仔興建會展、在中環興建標誌性建築國際金融中心 —— 最初都經歷過不被看好的階段。就如今日的機場城市，要成為一個獨立的地標，不單要吸引從機場來的乘客，還要使本地市民願意一家人來娛樂，成為大灣區居民前來消費的橋頭經濟區。

機場城市地理上有先天優勢，位處整個大灣區的中心，面向港珠澳大橋，在可預見將來，將成為海陸空交通總匯，以及航空、文化、商業和旅遊的交匯點。全部建成後囊括高級飲食、室內外遊戲、零售、演唱會、展覽會、展銷會、各行各業的大型會議等場地，備有遊艇中心、多間五星級酒店，以及儲藏名酒、黃金和藝術品的設備，加上貴賓及公務機接待室，是展現香港提供多元服務的縮影。縱然目前經濟環境不被看好，我們還要繼續努力，它的成功也是標誌着香港商業模式轉營的成功。

我曾多次到 11 SKIES 監察進度，最近一次是在我離任前的三月份，陪我到訪的是負責整個機場商業區發展的民航處前處長李天柱（Simon Li）和亞洲博覽館行政總裁陳芳盈（Irene）。

在 11 SKIES 逛了一圈後，我們站到一架放在室內的真實飛機旁傾談。這飛機是大中華區首個 KidZania 職業體驗的設施之一，可讓小朋友體驗職場，探索自己的志趣。招標時我們要求有至少三分之一空間作室內遊戲，其餘為各種飲食及零售商舖，以及兩棟寫字樓分別為財經服務和美容醫療中心。

機場城市概念圖

亞洲國際博覽館

機場旁邊的展覽場地亞洲博覽館建造的時候，政府將經營權售予一間法國公司，亞博館多年來不時以會展和貿發局為競爭對手。

亞博館在初始時候，差不多是由一個私人展覽商佔用了大部分場地和時間，而舉辦的展覽也參照貿發局模式，成為了會展最大的競爭者。我們的同事曾經多次與該公司高層商談合作，以冀共同發展，但成效不大。想不到我終於有機會到機場任職，心中少不免有期望解決這個矛盾。

可能法國公司看到勢頭不對，機場領導班子已轉變，便放聲氣有意思出讓管理股權。在當時特區政府的大力支持下，並獲得授權回購亞洲國際博覽館餘下的管理權。疫情期間，林天福出價向法國集團回購亞博管理權。不單統一了機場不同活動的合作，亦和貿發局達成共識，避免矛盾，分工合作。

亞博館共有六個場館，總共面積七萬平方米，可以容納多項活動。我們還有一個特別想法，就是把其中的一個館改裝成音樂廳，舉辦流行音樂會，並作相當投資提升音響及舞台等設備，達到一流水平，特別在意滿足年輕一輩的口味。

後來舉辦的多個本地及外國歌星音樂會，本地者如 MIRROR、國際者如 BLACKPINK 都在亞博館演出，一票難求。從後台望出去，見到一萬多人又叫又跳，熱情高漲，已甚為感動。觀眾部分來自大灣區，令我們更加相信機場城市會創出一番新氣象，這個嶄新的概念在我們提出後，在國內外引

亞博演唱會

起迴響，多處爭相仿效。亞博館的其他展覽會議活動也甚為搶手，令我對 11 SKIES 商場的前景也信心大增。

我們亦提出過一個建議，就是在亞博館舉行以國家或地區為主題的活動，例如韓國節。時下的青年流行看韓劇、捧韓星、喜歡韓國食譜等，我便帶隊包括新世界高層同事到訪首爾，拜訪多個展覽商、娛樂經理人和高科技公司，達成多項協議，在亞博館舉行一次韓國節（KCON）。將來以這個模式，可以舉行其他不同主題的大型活動，吸引內地特別是大灣區的市民來港；也即將建成六千個自動泊車停車場，便利北車南下。我的夢想是港珠澳大橋將會如三藩市金門橋般熙來攘往，絡繹不絕，成為貫通珠江三角洲東西的大動脈。

航空學院

航空學院自 2016 年成立以來，極受歡迎，學員修讀不同的課程，受訓練掌握各樣航空相關的技術。可惜三年的瘟疫阻礙了學院的發展。2023 年年初，學院恢復教授課程，及後又添加空中交通導航員和飛機駕駛員培訓課程，並與三家航空公司簽訂招聘機師合同，保證學員就業。另一方面我們已成立顧問公司，向中國內地和國際航空行業提供服務。

我一直對航空學院有極大期望，希望以學院的名氣招聘優秀員工，向大灣區以至一帶一路的年青人招手。學院提供短、中、長期培訓課程，包括與法國民用航空學院合作，提供碩士學位，亦有為期幾週的體驗課程，讓年青人對航空業有初步認識，香港國際航空學院自 2016 年成立以來，已經接收過萬學生。

課程水平也日益提高，2019 年開始提供有關航空交通管理的培訓課程 —— 這是一個非常專業和嚴謹的課程，需得到民航

學員開課

處和國際機構的認證，可是我們還不滿足於此。在 2022 年航空學院正式提供飛行駕駛員訓練。我對 Simon 說：「這樣一來，我們就可以提供全面的航空業培訓，可以為有志的年青人圓夢，一飛沖天，並且彌補飛行員數量的不足。」Simon 也同意：「是的，航空學院開始招生後，引起了內地及海外人士的興趣，反應熱烈，同時亦引伸了另一個問題 —— 我們沒有足夠宿位給海外學員。」我分享過往擔任港大校舍發展委員會主席的經驗，當時透過在大學附近（特別是西環）物色樓宇紓緩學校宿舍問題。由校方興建或購買現成樓宇，將是香港將來發展成為國際教育中心的一個大趨勢。我由衷建議：「你們可到附近如東涌，或經過屯赤隧道到屯門找尋合適的樓宇或小型酒店，改裝作學生宿舍。」最近聽說他們已物色到適合的地方。

Simon 是前民航處處長，平易近人。他退休後，林天福建議請他過來擔任機場商業公司亞博館及航空學院等的主席，他經驗十足，我覺得是順利成章。亞博館在展覽和演唱會各方面都辦得有聲有色，航空學院也相當成功，他在機場的另一個項目是向國內外機場提供顧問服務，我在泰國帶回來的就是設計芭堤雅附近新機場的顧問合同，後文再詳述。一次和他到曼谷開會，曼谷的堵車是世界有名的，他對我說：「明天將要在當地視察，預計會塞車六小時，建議不要舟車勞頓了。」再一次體現同事對我的關懷。

2023 年 6 月和 Simon 及 Irene 等前往巴黎航空航太展覽會（Paris Air Show）參觀，這並不是我第一次參加，但這次是為了和一間全球最大的《航空週刊》（Aviation Week Network）

簽訂在香港舉行的展覽和會議「超級樞紐博覽會」(Super Terminal Expo)，將為業界提供大量機會，去把握正在持續增長的物流及客運服務需求。

兩年一度的巴黎空展是全球航太航空工業最重要的盛會，展出軍用和民用的飛機，包括民航機、戰鬥機、火箭及無人機等形形色色的飛行裝置，並定時在空中作出各樣表演，是飛機製造商和有關行業的展銷會。觀展令我感受最深的是，超音速戰鬥機從空中這邊飛到那邊時，速度之快，只聞其聲不見其踪；龐大的客機或貨機，可以在空中作出令人驚訝的上下左右跳舞般的動作，以證明飛機擁有卓越的性能和安全度。

我們隨後和《航空週刊》進行簽字儀式。《週刊》主席在發言中強調香港是最重要的國際航空樞紐之一，而香港機場的效率領先世界，即將在香港舉行的會議展覽亦別具意義。

工作過後，我帶幾位同事周遊巴黎，善用時間每處只停留幾分鐘拍照打卡，得以在半天內訪遍凱旋門、協和廣場、巴黎歌劇院、紅磨坊等著名景點。我這個「臨時導遊」對巴黎的了解令他們大為驚訝，因為他們並不知道在八十年代我處理新鴻基證券和百利達銀行合作事宜時，曾在巴黎居住兩個月。

2022 年年底，參加了特首李家超領隊的東南亞訪問團，與泰國 BTS 集團簽訂了顧問合約，協助設計和興建在芭提雅附近的新機場。另外，機場城市的理念令他們也躍躍欲試。這個外展機會就是來自前文提及訪問泰國期間的一席晚宴，與身旁在港居住三十多年的黃創山老闆閒談間，說到我以前在地鐵公司任職時，也有協助他建曼谷輕軌。他說如今又取得興建新機場的合同，我們都很高興可以再度合作。

我曾兩次跟隨李家超特首帶團外訪，一次到中東，另一次到泰國。他精力充沛，由早到晚馬不停蹄出席會議、拜訪當地官員，宣揚香港的獨特功能，以吸引外資和人才，令我們一眾商界團員甚為佩服。

提高效率

從貿發局、地鐵、電訊盈科等機構到機管局，我都喜歡嘗試新的構思。在機管局實行了兩項比較少人留意的措施：

香港機場每年與世界上其他大型機場比較各項工作效力指標（如準時及成本效益等），由獨立第三方，即倫敦帝國大學衡量優劣。成績只在參與機場之間分享，不對外公佈，而香港機場頻頻名列前茅。參與這個具有代表性的客觀標杆分析，增強我們對目前管理水平的信心之餘，內部亦能經常自我檢討，努力不懈。

我也提出工作改善計劃「創益先鋒」，由前綫員工自發團隊研究不同工序的成本效益，每年向管理層提出改善辦法，並參加一個全公司比賽，得獎隊伍將獲得獎金。這個活動不但為公司節省頗多時間和金錢，每年頒獎典禮更由員工以詼諧話劇方式表達出研究成果，得到廣大基層員工的歡迎和支持。我亦每年將主席酬金捐出，作為基層員工子弟獎學金。

機場客運大樓寸金尺土，商場佈滿了名店和食肆，商場租金收入可觀。另外一項收益來自不同種類的廣告，遍佈機場各個角落，有平面廣告也有電子廣告牌。幾年一次的投標程序，多年來都是由法國公司德高集團（JCDecaux）投得。該公司規模龐大，在世界各地的機場以至公共交通的廣告，都手執牛耳。在地鐵的年代，他們開始經營香港業務，亦贏得地鐵車站的廣告代理。所以這次我在機管局，對這間廣告公司並不陌生。

經過一輪仔細的調研後，我提出了意見，廣告不單是收入來源，更關乎整個機場的形象、佈局和氣氛，技術水平和格調是重要元素。如果有不理想的廣告，無論租金多麼豐厚，也會影響機場的形象，所以不能來者不拒。再者，一些當眼的位置，即使沒有客戶挑選，機管局亦可以先投資。根據我在地鐵公司的經驗，先投資能創造價值，當時不少地鐵車站外牆的廣告位置，均是由地鐵先投資，再成為客戶的熱選位置。我到過內地多個城市的街頭，亦被當地的高科技廣告吸引。所以我們亦希望機場的廣告能配合發展，廣告技術應用 5G 等沉浸式的表現方式，展出現代化形象。

經過一番討論之後，JCDecaux 交來一份新的計劃，包括應用新技術吸引高端客戶，機管局亦在多個位置投資廣告，吸引客戶使用，此舉需要經過不同政府部門批准。有了這個新方向，機場上下可以加倍努力。一年後，機場已到處出現動態的廣告，有瀑布、海洋，有大型銀幕展現不同產品，為機場營造嶄新的氣氛。

商務總監陳正思（Cissy）的能幹不單在於負責機場最大的收入來源：商場租金和廣告收入，在東莞的香港國際機場物流園也是她的傑作，從無到有。東莞是有名的世界工廠，不少

JACK SO SCHOLARSHIP

左上／　機管局 25 周年
左下／　Jack So 獎學金
右上／　與同事出海
右下／　創益先鋒比賽表演

貨物經香港機場出口，以往需經陸路拐個大灣運輸，有了東莞物流園後，貨物可循水路運到機場跑道邊，大大節省時間和費用。疫情前她安排我到巴黎 JCDecaux 廣告公司的總部，參觀各種高科技廣告的研發，包括 5G 、沉浸式手法等。「我們正研究把這些技術引進香港機場，但仍需經過一些部門的審批，也要游說廣告商接納。」我回答說：「讓我們回港後，詳細研究如何縮短過程。」她非常高興得到我的積極反應。

深圳隔離

在各項建設順利進行之際，我亦遇到一段困難的日子。

2022 年疫情期間由於要去珠海開會，原來的安排是在酒店隔離七日即可，可惜到離開香港入境深圳那天，疫情突然大爆發，升到一日五萬多宗，深圳的衞生當局立即取消所有酒店訂房，改由統一編排，而且七天隔離改為二十一天。知道這消息時，我已在口岸排隊過關，經過兩小時擁擠的程序，又再一小時在臨時的帳篷裏等官方委派的巴士，還不知道被派到哪裏隔離。整個過程終於在六小時後到達南山區一家三星級的小酒店作結，酒店的名字我也忘記了。經過一輪登記手續，到房間時發覺只有一張床和一個廁所，沒有 Wi-Fi ，也收不到香港電視訊號。

到房沒有多久，手機便響了，原來醫務衞生局局長（亦是香港大學深圳醫院的院長）盧寵茂教授也有同樣遭遇，被派到附近一間條件同樣差的小酒店。我們在電話中寒暄，講笑之後，對眼前的困境覺得較為好受，但二十一天的隔離實在不容易捱過。和外間接觸的唯一機會就是取用放在門外的塑膠飯盒，或是隔天有人來檢疫。每天除了睡覺八小時，如何度過其餘的十六小時呢？終於都找到辦法，我為自己訂下一個時間表，早餐之後上網兩小時，包括各樣公事、活動安排、朋友交誼等，雖然沒有 Wi-Fi 但仍可以用數據上網。午飯後小睡一小時，之後的自由活動包括寫大字、看書。晚飯後看電視，漸漸愛上了內地電視台的節目，頗有內涵。

過了十天這種的刻板生活，忽然很想到房門外站站，看看升降機大堂也好。誰知一開門，便聽到廣播：「蘇先生請你回到房間裏面」，這才知道有閉路電視，但閉路電視顯然看不到房內情況。某日，我在浴室跌倒，大腿瘀了一大片，爬到房間打電話到接待處，話筒傳來一次又一次：「現在綫路繁忙，請你一會再打。」唯有無奈掛綫，忍痛爬回床上休息。直至清早，見到檢疫護士，才請她拿來一些藥油。到第十二天，黃楚標電話帶來好消息，說我已符合年齡要求，可以在第十四日後轉換隔離地點，他會安排我去東海中心。我即時興奮莫名，猶如放監。

到達東海中心大堂，見到金碧輝煌，服務員整齊俊朗，態度殷勤，感覺回到了文明世界。為我準備的套間有電視、跑步機等，而且每日可以點餐，雖然也是要獨自隔離，但環境已大為改善，易於接受。七日之後，簽了隔離完成證書，便真正獲得自由，可到街上附近散步，也有機會和幾位也剛完成隔離的朋友一聚。雖然能在東海中心這小天地得到自由活動，但整個福田區仍然被封，不能隨便離開。幾日後終於取得許可證，讓我離開深圳，照原定計劃往珠海機場開會。

雖然遲了差不多一個月，但我非常高興見到珠海機場的同事，其中四位是由香港派去長駐幫助管理珠海機場。我們也和珠海機場的管理層商談了多項合作事宜，包括經珠飛港，這個安排可以方便內地乘客從珠海經香港轉機到世界各地，在珠海辦登機手續離境，乘坐巴士到香港機場，不需再辦入境出境手續。這個安排達成共識後六個月在香港簽訂合約，其效果就等於把珠海機場的內陸航綫和香港的國際航綫連成一體。有了港珠澳大橋的便利，來往需時不過一小時。之後我也提出香港入股珠海機場的可能性，以及將來在珠海發展航空工業園，進行維修、裝配等飛機工程，雙方的傾談已有一個好開始。

幾天工作之後，我不想浪費這個得來不易的機會，於是探訪一下大灣區，在廣州約好了新世界的鄭志剛午宴。之後我回到故鄉順德碧江，很高興見到一班子姪，他們皆是生意有成，有廠又有樓，是「先富起來」的一輩。他們都非常感謝鄧小平的改革開放，還記得數十年前我第一次回到鄉下，送了一部電視和一部單車，他們的父母感激不盡。

我又去探訪好朋友蘇志剛，他是長隆集團的老闆，也是我的同鄉。我景仰他的奮鬥史，出身是在村口經營豬肉檔，今天他擁有兩個龐大的樂園，一個是在番禺的動物園，野生動物多不勝數，白老虎也數十頭。另一個在橫琴，是全世界最大的海洋主題公園，龐大的鯨魚、鯊魚在咖啡廳隔着玻璃牆游來游去。每天晚上都有極為豐富的馬戲表演，獅子、老虎、大象魚貫出場，演員來自多個國家、不同種族，是我看過最深印象的表演。最難得是在三年疫情期間，雖然遊客大減，生意清淡，但蘇哥仍堅持經營開放。要餵飽這些巨型動物和大魚，已支出不菲，全是靠他的信念堅持才成功度過難關。疫情之後我再去了一次，已是人山人海。

健康問題

任內除了克服工作上的各種困難，也要面對不時出現的健康問題。

在三跑工程開工之前，做了一個入院手術，當時還未完全康復，但吉日吉辰已擇，必須參與在機場舉行的開工典禮，以主席身份上香。同事們很細心，在典禮場館旁邊擺了一張床和帳篷讓我休息，到發言時，才請我起身上台。當時多少有點神志不清，上台一開口就說錯了：「歡迎各位參加今日地鐵開工儀式！」在場知道我當過地鐵主席的朋友都以為我在說笑，還拍手掌。

另外一次更為嚴重的情況發生在倫敦。2016 年我們到倫敦希斯路機場，早上在機場開會，講及員工互訪和聘請該機場的導師來香港訓練空中導航員課程等事宜。開了兩個小時的會議，無甚異樣。準備回程時，如往常做法將行李寄艙、領取登機證，準備十二點半登上回香港的飛機。到差不多十一點，忽然覺得肚痛，我仍然覺得不是甚麼大事，堅持上機，後來痛楚愈加劇烈。希斯路的管理層看出我的不適，勸我讓他們的當值醫生檢驗一下。檢驗之後，醫生懷疑我患上急性盲腸炎，說最好去附近的醫院做一次檢查。檢查報告證實了他的判斷，我要立即入院開刀，否則會有生命危險。

機場運行執行總監姚兆聰（Steven）外表是個鐵漢，他擔任總監這個崗位，要得到機場各部門、各夥伴的尊重和合作。但Stephen 也有富人情味的一面，在我患上急性盲腸炎時，他一直陪伴我到不同醫院求診，直至我能順利進行開刀手術。若我上了那班機，後果不堪設想，真是逃過死神一劫。機場同事對我的照顧，令我感到非常溫暖。

還有一次在 2022 年底，我的座駕在夏慤道與另外三輛車連環相撞，我在後座搖晃差不多一分鐘。車子夾在中間，前後車皆粉碎無全。我居然沒受到任何損傷，又逃過一劫，後來去醫院全身檢驗後亦證實無礙。如此種種，實在要感謝上天。

準備退休

我在機管局和政府的合約已三度延期，共做了九年主席。到了這個年齡，我和政府商談之後決定不再久留，畢竟機場的兩大工程：三跑系統和機場城市都已大致完成，是時候功成身退。

機場管理看似簡單，實際上錯綜複雜，牽涉到不同功能的配合和統籌，絕對不能出錯。政府最終選擇由林天福接替，他擔任機管局總裁多年，而且和我從貿發局開始拍檔工作二十多年，是一位高效率、負責任、有領袖才華的人選。他願意由總裁崗位高薪，改為做主席只收象徵式報酬，騰空的總裁位置需要公開招聘，包括考慮內部的合適人選。

機管局同事這次認真地準備送舊迎新。他們做了一段短片介紹了我歷年在商界和公共服務兩方面的工作和成績，商界方面包括我在股票市場投資基金和投資銀行方面的經歷，公共事務包括貿發局、地鐵、電訊、機場等，也包括我促使成立的電影發展局、領導香港管弦樂團，以及策劃興建港大百年校園。

在我退休前的二月份，港澳辦公室主任夏寶龍先生在調研之際特意到訪香港機場。他為人精明誠懇而且喜歡講笑，在歡迎他的午膳席上，他指着我說：「你是我的大佬。」我還來不及說不敢當，他已續說：「因為你年紀比我大而已！」我只好點頭承認。我們帶他視察自動駕駛車輛在機場內的運作，亦向他解釋了三跑的最新發展，包括大灣區珠海機場的計劃，東莞物流中心如何把空運貨物更快捷有效經過水路運到香港機場，對此他讚不絕口：「這個機場實在是香港在國際上的一面金漆招

夏寶龍主任到訪香港機場

牌。」這句說話不單給予全體員工極大鼓勵，亦是我在機場九年工作的一個圓滿總結。夏寶龍先生來港後，資深傳媒人蕭世和在《am730》的專欄上寫了下列文章。

同事們策劃了一個送別儀式，我說不要舉辦隆重晚餐，一個下午六至七點的簡單茶會便可。其他籌劃的過程和細節，我沒有過問。直至 5 月 30 日歡送儀式那天，我提早十五分鐘到場，驚喜地發覺這是個規模龐大的茶會，有九十桌近千位同事出席，機場同業包括所有航空公司代表，政府高官方面有立法會梁君彥主席、盧寵茂局長、警務處處長蕭澤頤等好朋友。機管局的同事們包括七位總監和各階層的代表，都上台唱歌或輕鬆發言，表達對我們九年來同甘共苦的感情，在場人士都覺得非常感動。

最後我上台說了兩句，非常感恩之餘，亦希望友情永固，並將繼續捐助基層同事子弟獎學金，之後便揮手說再見，至此真正退休。翌日才女專欄作家徐詠璇在《信報》寫了下列文章，多位朋友把剪報寄給我。由此可見徐小姐的專欄在高級專業和管理階層的影響力。

回頭看半生，以機場一職完結我的公共服務生涯是非常合適的，完成填海建跑道後，我便「泥上偶然留指爪，鴻飛那復計東西」。出身廣州，卻在香港得到不同的機會，又能回到內地一展所長，享受了豐富的經歷，也為社會做了一些有意義的事，實在是非常幸運。

歡送儀式

金牌主席

世說商情——蕭世和

新春團拜多，當中最熱鬧一個，要算是機場管理局酒會，活動黃昏開始，酒店已大排車龍。當主席蘇澤光致詞時，剛到的賓客擠到大堂，要遙看大屏幕才看到他莊諧並重的「棟篤笑」。

兔年是機場管理局豐收的一年，除了成功發行零售債券供市民認購獲得滿意成績，機場人流物流隨著通關轉旺，在春節期間估計人流已經恢復到高峰期八成以上，加上各項基建陸續峻工，軟硬件都達到國際最先進水平。

機場管理局過去幾年在遇到不可抗力的惡劣環境下堅持前行，蘇主席作為領導人，他認為成功之道在於不倚靠公帑資源，以市場方式不停拓展。過去他在港鐵、電訊這些涉及重大基建的機構掌舵，都透過市場融資完成發展大計，機場的三跑擴建，藉銀行借貸和發債，不單在按預算下完成，而且訂好了償還本金的時間表，銀行界笑言是快過「供樓」。

香港是國際級的商業城市，有不少世界級水平的企業和機構如機管局、港鐵、港交所等，不單在本地做出成績，同時衝出國際。這次港澳辦主任夏寶龍來港，旋即到訪機場，還參觀了局方研發的無人車系統等先進設施，讚揚機管局是香港的「金漆招牌」，蘇主席一下子就成了「金牌主席」，在新年頭喜上加喜。

今次的酒會氣氛熱鬧，而且喜氣洋洋的感覺特別濃厚，相信與機場發展不斷，合作夥伴對前景充滿信心有關。《易經》說，龍躍於淵，寓意在合適的環境下有大展拳腳的機會，機場欣欣向榮，各種條件都具備，相信更燦爛高峰還在未來，同時會帶動香港繼續充當國家以至國際的商貿中心。

由報紙走入電視；由新聞走入商業的媒體人，愛以不一樣的社會角度看商業世界的人和事。www.facebook.com/siusaiwo/

逢周一、三、五刊出

老派Farewell之必要

下午五時十五分，人潮從機場湧往亞博。不是去演唱會，只是機管局主席的Farewell tea gathering。隨意來了好幾百人，滿滿一個大堂，主席自掏腰包，公私分明。

沒有高官名人致詞的煩惱。打頭陣是機場同事的歌隊，唱耳熟能詳的舊歌，沒有K-Pop開花的興奮，勝在樸實。幾分鐘短片介紹主席九年功績，包括造了三跑，建了航天城。接着是張李佳蕙，以親切的鹹淡廣東話（原是台灣人）介紹各主管級人馬出場。輕鬆的，不太pro的棟篤笑，憶述與主席喝啤酒時爆出的好主意。「主席前身一定是工程師，因為他很關心工程進展，常常落地盤採訪！」大家明知主席港大畢業後第一份工是政府，往後是商界……

「主席前身應該是廣告創作人，因為他對很多機場廣告都很有意見，要大的活潑的追上時代的！主席，你很快便會看到最大型的……」

主席有傳媒觸覺，「可以頂住，幫大家遮風擋雨。」這位主管有點激動，也不難想像：「三跑七個JR（司法覆核），但主席堅持不延遲！面對多種危機，堅持不裁員、不減薪，保住團隊上下一心。」——前線員工感謝主席的福利，Jack So獎學金亦開花結果。

棒，交了給林天福。蘇澤光在咪前，破例沒有說笑話，「因為今天心情有些凝重。希望大家繼續貢獻，為機場，為香港，為國家。」他沒有一展歌喉。大合唱《朋友》時，中段他說：「多謝，希望大家永遠是朋友！」在樂聲中鞠躬離場，不拖延。

上一代踏踏實實一步一步走到台上，要退，也特別灑脫，光芒但不令人目眩。沒有個人崇拜，只是理念、價值的傳承。偌大冰冷的職場，變為有溫度、有共同憧憬共同心志的大家庭——是為好領袖。

是為老派Farewell在今日香港之必要。

徐詠璇
琉璃火
逢周一至三刊出

左／ 2024年2月28日蕭世和《am730》專欄
右／ 2024年6月3日徐詠璇《信報》專欄

第十三章

非執行董事及顧問

在過去五十多年工作生涯中，曾被委任為多間公司的董事，包括中國海洋石油、滙豐銀行、國泰航空、友邦保險、瑞信、華潤電力及安利等，每一間公司都給予我不同的專業知識和獨特的經歷。

中國海洋石油

1999 年，我被委任為中海油非執行董事，第一次接觸能源開發工業。中海油在香港上市過程瑞信集團也有參與，每一個新的崗位都給我學習的機會，視野臨到一個新境界。油田、油價、海上鑽探平台等是日常用語，更滿足的是有機會認識幾位中國石油開發功臣，包括當時的董事長衛留成、總裁傅成玉及高級副總裁楊華等，都是富有經驗的專才，為國家海上油田、氣田的開發創下佳績。

衛主席後來調任海南省委書記，我也有機會去探望他，非常欣賞他對整個海南，特別是海口和三亞的發展大計，為我們目前的繁榮奠下了基礎。他還記得我有打高爾夫球的興趣，特別送我一支海南省製造的推桿。傅成玉在任期間，提出了集團化管控，並開拓了國際業務，與雪佛龍、德士古、殼牌等外國公司合作開採業務。楊華後來獲委任為中石化老總，亦不時來香港和我們一班朋友敘舊，還記得他喜歡唱歌，亦唱得很好。

滙豐銀行

我在 2000 年至 2007 年任滙豐銀行董事。期間對大型銀行的運作有了深入認識，從投行到零售，從理財到「炒房」；後者大概是外匯買賣的俗稱，雖然一貫作風保守，也要掌握時勢，考驗眼光，多年來部署精準，贏的機會高。滙豐是世界最大銀行之一，盈利主要在亞太區。品牌超卓，客戶眾多，服務多元化，傑出銀行家輩出，我有幸認識了浦偉士、艾爾敦、龐約翰、歐智華等紳士派，亦和本港出身的鄭海泉、王冬勝等成為好朋友，獲益不淺。董事會除了在本港舉行，每年還會選擇一處亞太區重要分行進行外訪，留下深刻印象的是印度新德里和越南河內。

國泰航空

2002 年至 2015 年我擔任國泰航空的董事兼審核委員會主席。國泰是全球最大的航空公司之一，以香港為家，多年來被選為最佳航空公司，以航班頻密、航點多、服務佳取勝。最深印象是當年每開一個新航綫都會參加首航，還記得首航到美國華盛頓和以色列特拉維夫有當地的專家介紹，能對當地有深度認識。在國泰多年，亦參觀了不少飛機製造廠和維修廠，觀摩了飛機師及各項專業人員的培訓。及後我辭去董事參加香港機場的工作，失去了董事的最大福利——免費搭乘頭等機位，是我和太太最大的失落，但她卻開解我說，我們以後坐經濟或商務也可以了。

友邦保險

自 2007 年起擔任友邦保險董事至今。最初香港友邦屬於美國友邦的分公司，直至本世紀初金融風暴一役，美國友邦被拖垮，香港的分公司自行分拆在本港上市。其後二十多年配合亞太區，特別是中國內地保險市場的強勁增長，業務一直不斷攀升。在友邦我有機會深入了解人保行業如何精算產品設計，如何以不同渠道推出市場，從個人經紀的架構，以至通過銀行銷售及經紀的訓練也是一門學問。主席謝仕榮是人壽行業的教父，五十年的成功經驗當之無愧。他為人精明謙厚，極有風度。成就包括開拓內地市場，吸引了最頂尖的保險高層加入。現任總裁李源祥來自平安保險，是不可多得的高管，做事有系統、有遠見，而且能團結團隊。他是新加坡人的性格，低調儉樸，每天早起爬上陡峭的山頂走一圈；周末我們很多時都打高爾夫，他當然比我打得好。

瑞士信貸投資銀行

自從離開新鴻基證券後，雖然擔任多個公職，但多是非執行職位，可以兼職從事金融投資一類的活動。最突出的一項，就是從 2008 年到 2020 年在瑞士信貸投資銀行（Credit Suisse）擔任非執行副主席，之後兩年當高級顧問，兩年後瑞信與瑞銀（UBS）合併。我在任的最初幾年，瑞信在收購合併及安排公司上市方面非常活躍，當年和同事張利平、胡知鶩等一同馳騁各行業，有很多難忘經驗。例如一次有內地大行收購香港本地銀行，一切準備就緒，已安排了新聞發佈會，但在我正式會見傳媒前，還在等待買家的大額支票送到。同事一直說在過關途中，一輪緊張之後，終於收到支票，大功告成。另外一次，一間內地地產公司來港上市，因為不認識本地投資者，還未找到基石投資者（cornerstone investor），我便安排兩三位本港富豪與該地產公司高層參加一次晚宴兼唱歌，就這樣取得他們的好印象。

有幾次我們前往內地參觀廠房，以協助客戶為上市做好準

Jack So will join Credit Suisse from January 2. Photo: Edward Wong

Jack So to take mainland role at Credit Suisse

Frederick Yeung and Tim LeeMaster

Credit Suisse will announce today the appointment of Jack So Chak-kwong, a former deputy chairman of PCCW, as vice-chairman for greater China, sources said yesterday.

council for a two-year term in October, supervising the council's global operations, services and promotional activities.

Based in Hong Kong, Mr So's appointment will be effective from January 2. He could not be reached for

2007 年 12 月 11 日《南華早報》

備。最有趣的一次，是和同事胡知鷲參觀在河南省一間規模宏大的肉食廠，該廠的流水作業實在一流，一面是活生生的豬隻走進去，裏面的機器依次進行屠宰、切肉、製品及包裝等過程，另一邊出來的是各種肉類製品，可由冷凍車運到各銷售處。

邀請我入瑞信的人是張利平，他是典型的成功海歸派，蘇浙人。在北京外交學院畢業後，轉到美國紐約大學攻讀，後加入華爾街金融圈，輾轉之下，最後回到香港加入瑞信。2008 年，第一次在北京會面時，相信他已了解我在香港官場和商場的背景，對我說：「我們銀行將會忙於為多個來自內地的企業在香港上市，需要一個熟悉本地情形的人，你在貿發局現在是非執行主席，可以參加我們的銀行工作嗎？」回到香港，我們再接觸，「希望你能當上我們大中華區的副主席。」隨後幾年，我們是很好的拍檔，成功安排多間公司進行上市、收購合併等活動，其中包括銀行、地產以至龐大的珠寶連鎖店，和他合作愉快。在 2017 年，他被美國最大的投資基金黑石集團（Blackstone Group）羅致當亞太區主席，我也隨之辭退瑞信副主席的職位。

利平為人平和，典型君子風度，中西合璧，尤其在中國內地人際關係甚佳，對朋友非常熱情，不驕不躁，與我的家人和在美國的弟弟也非常熟絡。他雖然是股票高手，但自己不喜歡投資股票，「我喜歡買地產，紐約如是，香港如是。」

華潤電力

自 2014 年當華潤電力董事至今，工作非常有意義。不獨能詳細地觀摩各種發電模式，包括火電、風電、太陽能、水電和核電等，更親身體會國家在多方面的電力技術均領先世界，包括電池、光伏、遠程輸送等，令人自豪。奇蹟出現在沙漠，數平方公里的光伏電池板產生的電力引來水源，把沙漠變成良田。這個職位亦讓我到訪一些偏遠的地方，在青海、新疆和雲南山區，華電在該處設立風電或太陽能等新能源發電站，不但把交通繁榮帶到較為貧苦的社區，而且為減低地球暖化作出了巨大貢獻。看見這些上山下鄉開拓的年青人，他們每到一處落後的地區，必定修橋整路，大大改善當地的環境，提高居民生活質素。而留守在這些原來極荒蕪地區的年青人員，離鄉別井，倒是滿腔熱情，不辭勞苦，就在電廠附近開闢菜園，有時在香港會收到他們寄來的蔬菜生果，令人感動不已。

安利

Amway 在香港叫安利，是一間國際性的健康生活用品推銷公司，數十年前由兩位荷蘭籍的移民在美國創立。他們創業的宗旨是令普通的美國公民，包括家庭主婦，都能夠進行一盤生意，在自己的社交範圍內推銷產品，同時不觸犯層壓式推銷條例，因為公司會收回賣不出的存貨。安利在美國、歐洲、日本以至東南亞都風靡一時，唯獨未曾打開內地市場。

我到任的時候，他們找來一位能幹的本地女士牽頭，從零開始，幾年間竟然打開內地各大城市的市場，推銷員增加到以萬計，而公司也達到盈利基礎上市。一次我們董事會到訪美國總部，在芝加哥附近的伊利湖邊，地方非常漂亮，城市中心是一條淺溪，其中有無數急流，由此命名大急流城（Grand Rapids）。在湖邊的大宅中，與兩位創辦人會面，他們都溫文有禮，是虔誠基督徒，亦深信資本主義，覺得資本主義是解決人類貧困的途徑；而實際上多位安利的分銷經理已成為百萬富翁。

哈羅公學

誰會想到我竟會加入教育界，當哈羅香港國際學校校董會的主席。事情源於我的好朋友邱達宏，他是公學的投資者，一次和他在北京張家口滑雪度假，他對我說：「可否請你做我們的主席？」哈羅是英國最有名的公立學校，培養出多個英國首相，包括邱吉爾。英國哈羅公學於 2012 年在香港開設全球第四間分校，是香港第一所寄宿制國際學校。我當然受寵若驚，卻謙虛地說：「我對教育一竅不通。」達宏說：「你不需要涉足日常管理事務，只需給我主持董事會。」心想做名譽主席不須負責，這是我的強項，於是便接受了。當了幾年也極有滿足感，眼見一批又一批優秀的年青人，得到良好的教育，浸淫在各種豐富的課外活動中，每年到牛津劍橋升學者人數不少。

坐在「邱吉爾的椅子」上

我曾經到訪倫敦本校，古典的校舍配備了最現代的體育場地和科研課室，親眼看到了休息室的椅子上刻了邱吉爾的名字，學生時代的他必定相當頑皮。幾年之後，我因為公務繁忙向達宏請辭，但一直惦記着這愉快的過程。

香港管弦樂團

對古典音樂的愛好由中小學接觸口琴、小提琴開始，水平都乏善可陳，卻因此接觸了這奇妙世界，對作曲家、演奏家、指揮、名樂隊略有認識。

踏入職場後，也受太太的影響經常去演奏會，香港的、倫敦的、紐約的，甚至巴黎、上海、米蘭，有機會也不放過。我特別喜愛的是鋼琴和意大利歌劇。有了這個樂迷的背景，我終於被邀請加入香港管弦樂團的董事會。董事會給我的責任是幫助籌款，我也獲得一兩次成功，把我熟悉的銀行和保險公司拉過來成為贊助人。

樂季開鑼合影

幾年後被推舉為主席，這個名譽也帶來責任，例如要陪伴樂團到外地演出，足跡遍及新加坡和上海等地。那幾年港樂在荷蘭籍指揮梵志登（Jaap van Zweden）領導下，水平突飛猛進，為香港贏得不少掌聲。其後還靠一項華格納（Richard Wagner）歌劇《指環》的錄音，在 2019 年獲得了被譽為「古典音樂的奧斯卡」的《留聲機》雜誌頒發「年度管弦樂團大獎」，是首個亞洲樂團獲此殊榮，令人們對香港這個文化沙漠有所改觀。我最難忘的一刻，是帶領樂團到由我帶動興建的香港大學百年校園中，最新穎、音響最好的李兆基會議中心大會堂演奏，演講時簡單地說出我少年時欲擴展校舍夢想成真的故事。

參與電影投資

內地有名的製片家董平就如武俠小說中的大俠，粗眉大眼聲音嘹亮，為人豪爽，曾經投資不少傳奇電影，從《臥虎藏龍》至《奪標》一直叫好叫座。我和他的相識實屬偶然，發生在我仍是全國政協的年代。每年三月在北京，經過差不多兩個禮拜的嚴肅會議，大家都覺得需要輕鬆一下，我便在最後兩天提議找個地方唱歌。已經定好了一間高級的卡拉 OK ，想不到香港聖公會主教非常興奮地說他也會參加，我立即謹慎調查一下這個場地，發覺原來有美女陪唱。本來我們也沒有陪唱的需要，如果大主教一起來，更不方便看見陪唱的環境。

我把這困難向好朋友高振順說了，他說沒問題，讓他去解決，最後他找到了這間飯店的老闆，原來是董平的好友，於是就請求這老闆，當天晚上地下一層關閉，不要讓花枝招展的少女們走來走去。結果我們一眾十幾位政協委員堂堂正正進去食飯唱歌，十點左右大搖大擺地離開這個地方，完全不感覺到有任何問題。

認識董平之後，他在香港投資創辦一間上市電影公司，名叫「歡喜傳媒」。他看中我曾經擔任電影局主席，又營運過收費電視，於是邀請我作少量投資，成為他的董事。我當時感覺這是個榮譽，而歡喜傳媒確實製作了不少叫好叫座的電影，其中一部喜劇叫《泰囧》，是自嘲內地遊客初到泰國，不懂當地規矩而不斷出洋相的笑話。此劇竟然在內地市場大受歡迎，而且掀起了一股內地遊客到訪泰國的熱潮。2022 年跟隨李家超特首訪問曼谷，以至泰國總理到訪香港時，我也提及這部電影，並且說現在正在籌備開拍續集。值得一提的是通過董平的介紹，我認識了不少內地電影界精英如黃渤、馮小剛、張國立等，他們都是有學識、有深度的藝人。

香港大學校園擴建

我一直對母校香港大學有特殊的感情，心懷感激。儘管自己學術成績平平，但港大將我這魯莽無知的年青人變得成熟，又賦予我較高的價值觀，母校亦頒予我名譽社會科學博士學位頭銜。

在港大校務委員會擔任委員多年，期間完成了兩項重要任務。第一項任務是為慶祝港大九十週年出版一部英文著作《與香港一起成長：港大九十年傳承故事》(*Growing with Hong Kong: The University and Its Graduates — The First 90 Years*)，詳述大學與香港共同成長的歷史，以及各個不同領域近一千五百位校友帶頭建構這國際大都會的故事。及後在2002年舉辦發佈會，黃麗松、王賡武、鄭耀宗、戴義安 (Ian Davies) 和徐立之五任港大校長都出席了。

我在著作前言中提到：「建校九十年來，香港大學培養了一代又一代優秀的畢業生，他們成為社會上的醫生、律師、建築師、工程師、行政人員、商人、教師和藝術家，或是養育孩子的家庭主婦。不論地位和職業，港大校友都以對香港的奉獻，對真理和卓越的追求而聞名。」感謝校友為香港過去數十年社會經濟發展作出貢獻。

任務完成後，2001年我被邀出席香港大學九十周年校慶晚宴，並發表演講。晚宴規模盛大，有三千名校友出席，場面相當熱鬧，大學指示我「令晚宴輕鬆一點」。前一晚，我從導師黃霑處接受特別訓練，臨場成功引起一些笑聲，但話未說完，人羣中氣氛開始大亂，平常不苟言笑的醫生們已大聲唱歌。

十年後，又有另一項任務，這次是在般咸道的香港大學大學本部西面，再建造一個新的校園，是為「百週年校園」。在千禧年後，香港經歷了一次大型教育改革，政府宣佈由2012年起把大學教育由三年改為四年制，教學設施亦隨之需要調升百分之三十。有一天，我的好朋友、香港大學校務委員會主席馮國經在他的辦公室跟我說：「你知道根據新的制度，我們的教學空間將非常緊張，必須進行擴建。但有兩個小問題。一無地，二

慶祝港大九十週年英文著作

無錢，你須想辦法解決，擴建任務要在三年內完成。」這是一項艱巨的任務，我視為母校對我的信心。

回想大學時代，我曾做過依山建校的白日夢，現在身為校園發展委員會主席，便立即召集了構思會議，得出一個創新方案：將兩個食水和海水配水庫推到山中，騰出空間擴建校園。這在技術上甚具挑戰，但非不可能。其後，學生事務主管徐詠璇小姐，特意安排我在各午餐、晚宴上與有能力捐款的朋友坐在一起，以便游說他們。她後來成為港大的協理副校長，是整個校園擴建計劃的功臣。

終於，捐款承諾的數額配上政府撥款，達到了預算金額，我們便放心動工建造新校園。工程包括未來法學、文學和社會科學三個學院的三座主要建築，以及上下兩層大學街，接連新舊校園。巧合地，我當時亦擔任香港地鐵公司的主席，順勢建議港島綫西延的工程應包括設立一個「香港大學站」，從西環的地底車站建六部升降機直達半山校園。如是這般，一個平庸的學生數十年前所作過的兩個白日夢，如今竟然變為現實。

談到香港大學，不能不提我的好朋友李國章，他曾任香港中文大學校長，後來亦擔任香港大學校務委員會主席。他體型軒昂，經常掛着慈祥的笑容，他的專業是醫生，也是行政會的成員，德高望重，所以被稱為亞瑟王（他英文名 Arthur），是對他的尊重。

他的領導才能在 2019 年社會動亂期間表露無遺。香港大學學生會是比較激進的團體，在校內校外都有抗議行動，他作為主席，卻一直堅持不亢不卑，在尊重學生表達意見的同時，絕不容許暴力破壞和挑戰香港或國家安全的行為。一次在他主

香港大學百年校園

持的校務委員會會議，有多個學生包圍會議廳，並衝入推撞出席會議的成員。李主席都能化險為夷，避免暴力事件擴大。綜觀當時幾所大學應對學生的暴亂行為，香港大學在李國章領導之下，保持秩序，實為表表者。

從他處事的方式，不會想到他私下是個充滿熱情和幽默感的人。國章每天都在網上送來問候，並加上一則笑話，部分是兒童不宜，在此略去，有這樣的朋友實在難得。

香港大學不單人才輩出，科研更延伸至中醫和針灸。有一段時間，耳水不平衡一直困擾着我，經常覺得天旋地轉。有

盧寵茂、李國章

一兩次甚至暈倒在地上，或坐飛機時嘔吐。遍訪西醫打針食藥都沒法子。好朋友馬廷強是我們圈中最熟悉中西醫生的人，並且為人非常熱心好客，經常請食美酒佳餚不在話下。更難得的是，若有甚麼奇難雜症，他絕對有把握介紹最適當的醫護，包括中醫西醫。馬對我說 :「你信中醫嗎？」

在西醫沒法解決的情況下，我唯有說 :「好，請你介紹。」他帶我到一位針灸高手處，他專門舌針。這種療法原來是得到香港大學及馬會的資助進行的研究，每次落針少於十分鐘，隔日針灸，兩個星期後竟然完全痊癒。如今十年之後都未有再復發。

第十四章

我的家人

父母和我兩個女兒

父親在廣州經營內河運輸，到香港後選擇了文具行業，胸懷大志；設計機械，準備出月曆，印電話簿，參加展覽等。他沒有吸煙喝酒賭博，只享受看電影，喜歡和兒女在一起。可惜生意做不起來，最後債主臨門，他也逆來順受。我們出身之後，生活好過點，最後父母移民美國，老年弄孫為樂。

媽是個傳統的中國女人，外公是新加坡人，她來香港之後，曾參加廣華醫院的護士訓練，後因為家人反對而輟學，但同班的同學卻成為她終生的摯友：潔華姨、基恩姨、譚姨，無論身在何處相隔千里都經常聯絡，我們稱之為煲電話粥。這幾位朋友亦視我們四兄弟妹為自己人，移民到美國後也得到他們的幫忙。母親是個平凡人但有最美麗的人格，善良且樂於助人，所到之處都帶來歡笑；沒有受過高等教育，卻自己尋找到文學和音樂的愛好。看來很多是自學，出其不意便拋出幾句西晉時期的《陳情表》。在美國洛杉磯的時候，教導孫子寫毛筆字。她在古典音樂方面絕對沒有受過訓練，但在家境困難的時候，卻也堅持買一把最便宜的小提琴讓我參加樂團。在租住界限街小房間的時代，經常被房東欺凌，她卻不時哼起兩句她叫「翠堤春曉」的《藍色多瑙河》，看來她已把自己釋放在廣闊的維也納天空下。

在美國洛杉磯，二妹慧卿的環境好起來了，小房子擺了鋼琴，姪女麗敏是好手，飯後一家人排排坐，母親居然要求「彈第 9 首」，我們都明白她要聽的是蕭邦第一夜曲《Opus 9》。她喜歡的音樂領域很廣，從蕭邦到馬師曾到蓋鳴暉。

母親人貧志不短，為幫補家計，她曾經做過私人護士，到我中學年代時，她的期望是能夠到彌敦道一間酒店找到個「布草房」的職位，能夠有薪水提高我們的生活水平，她說：「到時你們可以多看兩次公餘場，如《十誡》、《仙樂飄飄到處聞》」。我當時不知道甚麼是「布草房」，後來自己做酒店小廝時，才知道這是執房女工。

母親當然心愛着我們四兄弟妹，但她的中國風格是「在心裏錫」。父親去世後，我經常到美國探望，臨走時都依依不捨，想擁抱她一下，都是勉強接受。她也從來沒說「我愛你」之類，只是一句叮囑「自己小心啊」，我已領略到她的母愛。他們在生之年，沒有機會給他們太多享受，只是安排了兩老去過日本一次，在美國也去了黃石公園，兩次旅行都是參加旅行團。回來

四兄弟妹（1957 及 2022 年）

之後，他們把我給的現金都歸還，說沒有機會花錢。兩老去世後，我才真正領略到「子欲養而親不在」的遺憾。葆齡的父母亦已離世，他們非常痛愛兩個孫女，在生的時候，我們也經常一齊旅行。

對於我的成長、教育和事業，父母都一直默默支持，以我的學業及事業為榮，這是我唯一做到的回報。

然而令我最難忘的，卻有以下兩次：第一次是我的母校喇沙書院請我回校作頒獎嘉賓，當時太太在英國，我邀請母親陪我出席儀式，母親起初不願意，藉口是不知穿甚麼衣服。我說：「隨便啦，又不是你上台。」她被說服穿上一襲長衫，戴上珠鏈，雍容華貴，我非常驕傲地拖着她的手，進場時檢閱童軍，想起我的一切都是由母親而起。另一次是在我任職地鐵時，獲得當年商業領袖嘉許，那次也是帶了母親和大女兒出席。

父母給我的最珍貴禮物是妹妹和兩個弟弟，可能由於小時候共過患難，我們一直保持深厚感情，我和他們雖然相隔萬里，也經常互訪，並互相幫助。可幸的是他們都在不同的地點建立了小康的家，而且第二代都各有成就，現在我已經有姪孫四男三女。

偕母親和大女兒出席商業領袖典禮

妹妹惠卿是母親的「翻版」，心地善良，廚藝精湛，更懂得在助人中尋得快樂。她是我們家庭的凝聚力所在，既悉心照料年邁的父母，又教育姪甥一代。直到父母離世後，我才理解到惠卿當年的辛勞。三弟澤昭天生擅長交際，是我們家族的公關，經常替我們聯絡世界各地的親朋好友。他經營空運生意，相當成功。經歷愛妻患癌離世後投身慈善事業，在美國和本港慷慨解囊，捐款幫助癌症患者，更在黃大仙捐出一間診所，以亡妻命名。四弟澤輝從幼時的「柔豬」長成如今的「大胖子」，在三藩市的唐人街咬着大雪茄。他在當地享有一定的聲望，曾擔任華埠商會的會長及當地東華醫院的董事，主要經營餐館生意，最高峰時擁有四間店。前文提及他如何將拉斯維加斯的永利賭場引入澳門，也因此被邀請至澳門擔任經理一年之久。

我自己的家庭是以太太葆齡為中心，兩個女兒國欣和國湄在她的引導和教育下，都學有所成。在我忙於追逐名利的同時，葆齡致力於教育女兒們。她們都在香港最好的女子學校唸書，然後赴英國上最好的寄宿學校。最終，大女兒考上牛津大學，小女兒考上倫敦帝國學院，然後在劍橋攻讀博士學位。

最初我捨不得送年輕的女兒往英國寄宿，太太也不放心，提議我們在英國置業，尤其是在周末或短假期可以到倫敦去陪伴兩女兒，這樣就不需要找監護人。我雖然放心不下，但最終同意了，那幾年一有機會我們就飛往倫敦，馬上租車駛往寄宿學校，很多時還帶他們到倫敦吃飯、購物。

有一次，與國欣走在牛津街上，她哭着說：「我的零食都被室友搶去了。」我安慰她說：「不用擔心，我買雙倍零食給你。

如果你室友再搶，就讓她食到『肥屍大隻』吧。」她聽完便笑逐顏開。兩年後，小女兒國湄又被送去同一間寄宿學校，她有姐姐作伴，已比當年國欣獨個輕鬆很多。農曆八月十五，小女兒致電回家，居然能以她有限的中文說：「讓我們在月光中接觸」，相隔萬里，但仍能在空中團圓，令我深感欣慰。

從嬰兒年代開始，她們已經是我的至愛，父親溺愛女兒是肯定的，我也擺不出嚴父架子，樂於不被尊崇，於是經常被她倆玩弄。一次在東京後樂園，太太去了購物，吩咐我看着六歲和八歲的女兒。走了一會，小女兒看見摩天輪嚷着要玩，每個位只坐兩個人，她提出叫姐姐在地面等着，說我們每次經過地面都會和她揮手，我也呆呆地同意她的建議。後來太太知悉這個急智安排，非常震驚地說：「她走開了或被拐走了怎麼辦！」

一家四口

另一次在香港九龍會，也被吩咐帶大女兒去游泳，該處的規矩是十二歲以下小童要成人帶着下水，除非已考到游泳牌。兩父女游了一會在池邊坐下，我竟然疲倦到睡着了，大女兒就在我睡着的時間去考了牌照，我醒來時看見她在池中揮手，我還慌忙走去叫她上來。

兩個女兒除了學校成績不錯，還在體育例如游泳、滑雪等都有水準，今天在不同領域上都各有成就，也組織家庭，都找到了理想的夫婿。大女兒是香港一家上市軟體公司的法律顧問，小女兒現在是劍橋大學工程學教授。兩人皆讓我和葆齡引以為傲。我眼中的她們始終如同洋娃娃，也仍然像朋友一樣分享笑話，這是一把雙刃劍，有利有弊，她們也不把我當長輩般尊重，再加上都找了脾氣溫和的丈夫，使得我們家形成了女性主導的傳統。為了彌補這個「不完美」，她們給我帶來了兩個可愛的孫子和一個可愛的孫女。

兩個男孫是國欣的，小孫女是國湄的，都是我的開心果，也承繼了不尊重我這個老人家的傳統：我多次嘗試與兩個男孫傾談，分享我豐富的人生經驗和知識，不到兩秒鐘他們已全神看電視足球比賽。卓熙、卓然都是足球迷，而且是校隊的健將，卓熙在鋼琴和小提琴略有天份，而卓然在敲擊樂、繪畫都顯出天賦，卓然未有手機，我卻經常要向他請教 Spotify 和 ChatGPT 。

小孫女爸爸是一半荷蘭人，我女兒給他改了中文名蘇家蔚，而太太也着力向她灌輸中文。五歲的她竟然朗誦「床前明月光」，小天使也染上了「玩公公」的習慣。我吃飯如果吃不完，她會說「公公嘥嘢（粵語浪費的意思）」，又對人說：「我很愛婆婆，但公公我只愛一點點。」然後豎起尾指，我知道她是在說笑，我最享受和她在飯後排排坐看兒童電視節目，但節目每天晚上都重重複複，我也裝作欣賞，因為這是難得的機會親近這小寶貝。

我在 2024 年 6 月 1 日正式退休。退休後第一個活動就是去美國出席姨甥女國儀的婚禮，她是我三弟澤昭的小女兒。看着她從嬰兒長大成美麗端莊的新娘。我今天作為蘇家的大哥，看見第二代都一個接一個成家立室，實在感慨萬分。

她的婚禮亦給予我們聚首一堂的機會，三兄弟和妹妹、第二代四女三男、第三代三個男孫三個女孫難得齊集。婚禮在西雅圖舉行，我們由四方八面飛過來，我的大女兒國欣一家先去三藩市，然後到洛杉磯，葆齡和小女兒一家從劍橋直飛過來，而我就從香港過去和他們會合。最欣慰的是聚集在洛杉磯時，我們一行可以與二妹、三弟到先父先母的墳前拜祭。還記得當日的情景：蔚藍的天空，綠油油的草地，映襯着新換的碑石。我們獻上了鮮花，行三鞠躬禮之後全體合照，後來看照片才發覺有奇蹟出現：在我們背景的藍天上竟然來了一朵心形的白雲。我對弟妹說這可能是「依約是湘靈」的祥雲顯現。撇開迷信，這朵心型的雲，也就象徵着我們四兄弟妹從廣州開始，跟着父母到香港再到美國，數十年來的奮鬥達到今天的成就。現在墳前帶着子孫，懷着感恩的心向他們作個交代。

其餘在洛杉磯的日子，亦過得非常愉快。在我來說，以前每次到來都不免帶點公事活動，包括開會、拜訪、公幹晚宴等。曾到過荷里活簽約，但從未去過名店街或著名的中國大劇院

(TCL Chinese Theatre)。我的三個孫兒在二妹的花園玩得不亦樂乎，游泳、踢球、打籃球，卓熙隨便在鋼琴上彈一首，亦得到我妹夫的欣賞。令我想起幾十年前我的姪女也在這鋼琴彈奏，而我母親極為欣賞的情景。還想起數十年前我到洛杉磯，何嘗不是租車自駕，但之後卻多是公務車代步，今日退休坐着我兩個女兒租的車，暗中讚歎她們的本事。

到了西雅圖，她們兩個憑着導航，九曲十三彎找到了市郊的酒店，所有親戚住在一起，早午晚餐見面，難得的投契和親切。第二天，下午舉行了中國的斟茶儀式，阿儀的丈夫是地道美國人，也畢恭畢敬地向長輩行禮；三弟作為新翁，一股感情湧上心頭，喜極流淚。婚禮當天，我們都坐車去到一處海邊花園觀禮，儀式簡單而感人，之後的宴會和舞會，卻是非常特別。

今天中美交惡而到處傳出種族矛盾，卻在這裏見到年青一代，不論種族、膚色、貧富、年齡，互相敬重，一起狂歡，跳舞唱歌。頓然覺得世界有希望，忘記了瘟疫，忘記了制裁，忘記了懲罰性關稅和脫鈎，讓我們的下一代脫離政治的魔掌，重新建立和平友好的世界。

結語

到了這個年紀，我算是幸運，仍然能夠照顧自己，成功在深圳獨自隔離二十一天，能夠打一輪十八洞的高爾夫球，游水多個來回或慢步兩公里。現在，在城市中隨意散步，慢慢回想我曾做過的事情：地鐵以及沿綫站上的物業項目、IFC、ICC、八達通卡、Now TV、會展中心……記得在更早的年頭，負責清拆一大片木屋區的場景，記得廉政公署如何改變腐敗的商業文化，種種情景浮現。

從事不同行業固然給予我滿足感，但最大的回報在於過程中結識到的各方好友，他們來自五湖四海，製造業、貿易界、房地產、銀行與保險業、電訊、電視和電影、航空、法律、會計、建築和工程、大學和醫學、傳媒和廣告等各個界別，當然還有政府各部門。這些朋友還不限於香港，最近我在內地旅遊，到訪各個城市及小鎮都有朋友大方的歡迎和幫助。相比起金錢，友誼才是我生命中最大的祝福。

自從六十多年前離開廣州，中國內地產生了翻天覆地的變化。中國現在是世界第二大經濟體，在許多高科技領域處於最前端。改革開放四十多年來，中央政府成功使八億人口擺脫貧困，逐步走上小康。像北京、上海、廣州和深圳等城市，基礎設施、商業活動、人民生活水平與世界頂級大都市相比，有過之而無不及。中國在軍事上也變得強大，受別人欺侮的日子已成過去。我先後被任命為省級和全國政協委員，為社會盡了綿力，實現母親在我十二歲時的訓言：「你就在香港為祖國作出貢獻吧。」

回想 1981 年，我代表新鴻基證券駐守北京，為香港爭取了廣州第一家現代化酒店。在貿發局的幾年中，我們將香港的製造業基地北移至珠江三角洲、長江三角洲等地區。貿發局成為幾乎所有來自內地投資促進代表團的聯繫點，最後在不同的省份為香港建立了各種工業園區。作為一個半官方機構，在中英兩國為歸還香港一事上爭論不休時，我們有勇氣和遠見在北京設立了首個辦事處，並歡迎內地的參展商參加我們在會展中心舉辦的貿易展覽會。

在內地搞的投資基金，在上海和廣州也算有所建樹。當地鐵成功簽下上海兩條地鐵綫、北京一條地鐵綫和深圳一條地鐵綫的合同時，滿足感油然而生。我想，中央高層也可能對這些項目留下印象。2017 年，習主席前來視察香港機場第三跑道項目的時候，一位隨行官員開玩笑地對我說道：「我聽說你從地下來到了天上。」

五十年來，不獨見證了國家改革開放的經濟奇蹟，也經歷了香港兩次經濟轉型，由製造業中心變為轉口港，再一次轉型變為服務業中心。在貿發局工作的兩個階段，分別投入了經濟轉型、工序北移和建設會展中心及發展多個工業展覽會，直接帶動第一次轉型。而本世紀初貿發局在推動金融業、服務業，以至電影娛樂等，都與第二次轉型有直接關係。

今天香港又處於準備第三次轉型的狀態。這一回的挑戰性更大，不但要做到暴動及疫情之後，由亂及治，由治及興；更加要融入國家的發展大局。特區政府提出了向高科技、高質量生產發展，得到中央政府的支持。各部門為向外搶人才、搶投資做了大量工作。

此外，內地經濟發展小組也成功把河套區歸還香港，並提議成立科技園，綜合深圳和香港的優勢，讓兩地專業人員可以自由出入園區。深圳比較注重科研，而香港就擅於科技應用，例如八達通、Now 寬頻電視、機場無人駕駛及臉部識別等，都在應用上領先世界。另外，香港是國際金融中心，在投資基金、上市集資等都有相當經驗和能力，能夠支持高科技的發展，特別是初創公司的崛起。在旅遊和零售的領域，也感受到政府的積極性，創辦各種活動成就盛事之都，吸引遊客和消費，貿發局和亞博館的各項活動也扮演了重要的角色。期望是 11 SKIES 能突圍而出，成為大灣區標誌性的旅遊景點。

在地鐵和機場任職的時候，為了建造地鐵支綫和機場三跑道系統，都採用了發債投資（Deficit financing，直譯赤字融資）的方式，能夠在不依靠公帑的情況下，使基礎建設從無都有的一個方程式。投資基建屬於資本帳，不是花錢浪費，而是投資於將來。這個方式的原理，是把項目建成後的將來收益提前，向銀行及投資者作未來還款的保證，獲取投資者的信心。在財政缺乏的情況下，這樣不失為一個解救財困的方式，令工程項目能夠實現，進而服務社會，亦可以獲得盈利以償還債務。坦白說，發債投資並非自創，首先提出這種方程式的是劍橋大學經濟大師凱恩斯（Keynes），1934 年為解救美國大蕭條，向羅斯福（Franklin Roosevelt）總統推薦類似政策，有效令社會上的投資和消費重上軌道，發債投資這方式可以說是在我任內發揮得不錯。

過去五十年的工作生涯，有幸獲得不少認可，如港英政府頒授大英帝國官佐勳章（OBE），特區政府給予大紫荊勳章（GBM）等。

數十年前，我這個十二歲的廣州小子，一家六口來到香港，擠在界限街的閣仔生活，由社會最低層開始發奮，人窮志不衰。中學畢業任過酒店侍應，但絕不放棄任何機會，無論做徙置工作、廉政事務、建地鐵、推廣貿易或在華爾街做買賣，都不忘初心，在自己的不同崗位、不同的地方，努力創造出豐富人生，不自覺的為香港、為國家出一分力。我們這輩已經老去，亦代表了舊經濟的結束，新經濟的開始，「業未就，身軀倦，鬢已秋。」應該交棒予年青一輩，他們的事業像旭日初升，令我記起黃霑譜詞的喇沙校歌，「豪情少年敢為敢作，一身朝氣心向上。」中華民族偉大復興的責任，就寄託在青年人身上。

隨着年齡增長，我必須依靠助聽器，唱歌、彈吉他時不免走音，多次被我兩個對公公絕不客氣的孫子反覆指出。這意味着我的能力會一個接一個地失掉，但新的快樂又會一個接一個地補上，比如你可以隨意打盹而不被怪責，又可以得到年青人的尊重和幫助。你說話緩慢，總是像喘不過氣來，但每一句都被認真聆聽，且被當做智慧之言。

另一個巨大的滿足感來自我的孫輩。卓熙十三歲、卓然十一歲、家蔚五歲，這三個美麗的天使不時給我打電話，可能都是被他們父母強迫的，但是我每次聽到他們的聲音時，都覺得高興。當你達到這個年齡時，會把下一代看成你生命的延續，在他們每一個身上看到一點點自己的影子。他們的創造力、才華，甚至淘氣搗蛋的一面，都為你乏味的生活添加幸福與動力，躍動你逐漸下沉疲倦的生命。

下一個重要的課題，是學習釋懷，慢慢放下，進入退休。無論我願意與否，一天，也將完結這個有無窮樂趣的人生，進入未知。或者我可以重新投入宗教，至少可以懷着重見父母的遐想，然後在一個風和日麗的下午，像電影《教父》中的馬龍・白蘭度，於花園藤椅午睡中，悄悄地離開這花花世界。

附 錄

一、2003年3月評議員專欄文章

特區政府於去年十月宣佈與主席蘇澤光先生保持商討續約事宜，每一位評議員以至絕大部分同事都默默地關切期待蘇先生能夠續約成功，繼續出任我們的主席和行政總裁。在兩鐵行將合併的當兒，一位有承擔、有遠見，視員工為公司最重要資產的主席對公司、對每一位員工真是十分重要。奈何主席蘇先生於二月十二日董事局會議後公開宣佈，基於其私人理由，決定於今年九月約滿後離職。員工在收到主席致全體員工的函件後，無不感到意外和失望。有議論紛紛，有向評議員或聯席協商會代表，表達意見和查詢。評議員在此無意、亦無能力、亦不便去細問蘇主席的私人理由，但絕對會尊重主席的「一生中最難作出的決定」。員工在感到依依不捨的同時，評議員不希望亦深信絕不會如證券商DBS估計，員工士氣會因此受到影響。因為蘇主席在過去任內八年所落實貫徹的種種德政，已經演化成公司的長遠策略；深信六位執行總監將繼續公司的長遠政策，穩定積極地完成公司的未來重要使命，而繼任的公司主席和行政總裁，在一間享譽國際，健康運作的成功機構，可以改動和修正公司政策的空間，着實不多。當然，任何更有利於公司和全體員工的新政，評議員以至每一位員工絕不會墨守成規，必定全力支持。無論如何，蘇先生的離開，肯定是公司、員工以至特區政府的莫大損失，這是無可置疑的。

在主席致全體員工的函件中，簡述了主席任內的九大貢獻；評議員亦嘗試從不同的層面，不同的角度，細味主席各項成就和工作軼事的點點滴滴，與同事分享，亦讓主席蘇先生知道，他的一切是得到同事的認同，八年來的心血和努力，一點兒都沒有白費。

一、奠定基礎 - 公司以鐵路客戶為本同時發展地產業務、非車務業務，以至工程顧問服務，為公司提供穩定而具增長的業務收益。又以鐵路上蓋物業發展收益，繼續鐵路新綫的興建和拓展，讓政府在無需注資的情況下，不斷拓闊鐵路的覆蓋面，為香港社會提供更多就業機會，亦為香港市民不斷改善鐵路公共交通，並持續車站改善工程，翻新列車，為乘客提供現代化和舒適的乘車環境，亦為公司的八年基業奠定基礎。主席任內最重要成就當然是完成公司上市，成為香港首個私有化公營機構，認購額和股東數目更為香港創下紀錄，公司在市民心目中的成就和地位，可見一斑；並為特區政府資產轉為現金收益，對庫房當有莫大裨益。最重要是讓公司能夠順理成章地以商業原則運作，營運更具效益，更能多元化發展。

二、高速發展，成就卓著 - 公司在主席帶領下，業務高速發展，成就卓著，獲獎無數。舉目維港長廊兩岸，港島是國際金融中心，亞洲區的金融心臟，九龍是九龍站五至七期的全港最高（102 層）建築物，兩項黃金地段盡是公司物業。未來香港當以此為記，公司雄厚實力，不言而喻。此外，公司高質素商場遍佈港九，為市民提供很多休閒購物的好去處。鐵路網絡持續拓展，機場快綫為香港空中與陸上運輸的新結合，為香港歷史進程編寫了新的一篇；最新的將軍澳綫，未來的竹篙灣鐵路綫，港島沿綫，東涌昂坪吊車項目等等，都會為香港市民增加不少方便。八達通卡為全港第一個真正多用途的聰明卡系統，未來極具發展空間，可為公司帶來很可觀的收益。此外，在非車費收益方面，物業管理及租務收入持續增長，小商店在車站不斷拓展，都市日報、招職等成功上位，廣告收益等都為公司未來帶來穩定的回報。這等公司高速發展，商業回報，成就當非主席獨居，全體員工的努力，不斷提升生產力當然功不可沒，但蘇主席的卓越領導，必然是居功至偉。

三、重視員工，勞管和睦 - 主席一向以來都視員工為公司最重要的資產；公司信念中，以平衡顧客、股東、員工利益為長遠的公司策略。在兩鐵合併研究中，主席多次重申員工利益為重要考慮因素，主席對員工的負責任態度，倍令同事安心。基於外在社會經濟環境因素，任內縱有員工福利津貼被削減，為數極少的員工被裁撤，雖上述絕非大家所願見，然亦做到對員工薪酬福利的衝擊減到最低，並將員工的職業保障維持於高水平。其中去年的員工內部調配計劃，便是蘇主席領導的管理層對員工職業保障重視的表現。此外，在過去兩次自願離職計劃中，賠償方案都符合市場水平，而且純屬自願性質，同樣看到管方的誠意。總結過去幾年，雙方縱有細雨輕風，卻絲毫無損和睦的勞管關係。難怪在去年五一勞動節酒會演講中，特首董建華先生特別嘉許公司的和睦勞管關係，成就可見一斑。

四、勇於承擔，排難解憂 - 主席在任內事事親力親為，善用其各方面的專業知識、社會經驗、人際脈絡，對公司各方面重要決策，會作出最有利公司的重要決定，主席的承擔作風，為公司節省了不少開支，兼具成本效益。去年八月將軍澳綫啟用「K」車在調校過程中出現問題，遭受傳媒、政客窮追猛打；過程中，主席處變不驚，一方面鼓勵和安慰員工，謹守崗位，安心工作，另方面對外一力承擔責任，然後妥善解決問題，為公司排難解憂，盡顯領袖風範。

五、甘苦與共，身體力行 - 蘇先生絕不是整天躲在總部二十三樓或環球大廈二十一樓工作的主席，平素地鐵車站「光」蹤處處，藉此與員工見面，了解業務和聆聽意見。相信最近很多將軍澳綫同事都有和主席握手見面，車站與列車員工的專業形象亦是主席的審美傑作；在車站的乘客資訊系統，主席也曾提供了不少專業意見，林林總總，蘇先生事事觀之於微，一絲不苟，為公司運作帶來不少進步。此外，令評議員印象最深刻的，是主席曾多次在深宵非行車時間，巡視鐵道路軌、管道切割及補漏工程等。這份工程工作是極其艱苦，環境亦最為惡劣，主席不辭勞苦，與員工甘苦與共，每次巡視後，主席準是汗流浹背，但喝過可樂後，主席又再展露笑容，與員工閒話家常，便準備下一站行程。蘇先生身體力行，對鼓勵員工士氣，絕對有十分積極作用。

蘇先生管理公司的理念和作風，委實值得同事尊敬，亦絕對值得公司去保留。「穩定重於一切」是國家過去十多年來的治國綱領，國家亦從落後混亂進步至現今的繁榮昌盛的世界強國，實在值得管理層去深思細想。評議員祈盼新領導人能夠保留蘇先生的種種德政，先謀穩定，後而進取。因為員工需要的是穩定的工作環境，穩定的薪酬待遇，方可安心工作，才能發揮所長，積極貢獻公司。最後，評議員代表員工由衷的感謝主席過去八年對公司、對員工所作的貢獻，並祝願主席伉儷及家人在未來的人生路上生活得更燦爛，更健康愉快。

全體評議員

（本文原為作者卸任地鐵主席之際由評議員發表之文章，原刊於《地鐵特刊》）

二、2017 年 1 月蘇澤光委員發言

1980 年我是香港一間公司駐京代表，那時候中國的國民生產總值（GDP）是四百七十五百億人民幣，香港的 GDP 總值是一百七十四百億港元，相當於中國的 30%，長安街要等十分鐘才見一部汽車，晚上要騎單車到西單電報大樓掛長途。

1990 年代香港在內地投資佔全部外來投資超過四成，港人在內地投資相當多元化，除了設廠外，最大宗是地產，我的公司也在上海興建了辦公大樓，之後我又到香港地鐵工作，在北京談好了興建第四號地鐵，2003 年到了香港電訊，也與內地的聯通公司組成合作。

作為千千萬萬在內地經商香港人的一份子，我非常有幸經歷了香港為國家帶來第一批資金和技術，為國家改革發展作出了貢獻。更有幸目睹了國家三十多年改革開放取得的巨大成就，超過七億人口脫離貧窮，而且在航天、高鐵、超級計算機、深海探測等高科技領域遙遙領先。2015 年，中國已成為世界第二大經濟體，GDP 達七十萬億人民幣，而香港的 GDP 二點四萬億港元，只相當於全國的 3%。現在長安街整天塞車，中國手機和互聯網的普及和使用率已處於世界尖端。

香港人為國家成就感到自豪的同時，不忘自我檢討，今日強大的、繁盛的、先進的、開放的祖國還需要香港嗎？事實上，香港依然可以為國家發揮多方面的作用，作出貢獻。

一、香港的金融體系穩健、規範成熟，不論在風險管理、市場機制以及運作上均屬國際水平，香港正為國家金融體系融

入國際市場扮演重要的角色，香港亦是全球最大規模的離岸人民幣業務樞紐，擁有全球最大的離岸人民幣資金池。有六百多家內地企業在香港上市，在投資方面，香港仍然是「引進來，走出去」的最有效平台。

二、香港一向是世界先進的物流中心，雖然國家近年的物流業發展迅速，但高價值的貨物，需要靈活而精準的庫存管理及完善的商品配送服務，均傾向利用香港作區域分銷及配送中心。

三、貿易仍是香港主要的行業。過去十年，離岸貿易，即是香港公司生產經營者，內地貨物直接出口到海外市場，不經香港，但是管理、銷售等仍交由香港公司負責，貿易貨值增加了逾 200%，遠高於同期香港轉口貨值的 130% 增幅。

四、香港的創意工業多元化，涵蓋電影、廣告、動漫及音樂等領域。香港的創意工業優勢在於創作發揮、國際視野、專業服務和全球營銷能力，目前香港與內地的合拍電影形成了主流。長遠而言，不但能滿足內地市場，更有信心進軍國際影視市場。

五、香港地少人多，已建設區的人口密度高達每平方公里二萬七千人，遠超其他國際城市，但境內有超過 40% 的面積屬於郊野公園、保留青山綠水；香港的交通網絡發達，公共交通準時可靠、費用相宜。內地城市規劃可以借鑒。

六、香港在習總書記提出的「一帶一路」宏大計劃中可擔任多個角色。一是香港作為一個融資平台，可提供更多低成本資金；二是利用香港服務業專業化優勢，為「一帶一路」建設提供航運、財務、法律、建築、工程等專業服務；三是利用香港作為東西方文化交融之地的優勢，推動「一帶一路」沿綫國家文化和教育合作。

作為香港人，我們不需要氣餒，或妄自菲薄，只要我們懂得搞好經濟，不亢不卑，堅持一國兩制，堅決反對港獨。香港仍然能夠為國家作出貢獻，同時亦為自己闖出一條未來發展的光明大道。

（本文原為作者擔任政協期間於港澳小組的發言稿）

三、2020 年 10 月 16 日「與主席對話」

各位同事，大家好。一直期待出席這場簡報會，可與大家面對面交流。但可惜這個早上，我們還是以口罩示人，無法真正的「面對面」。

首先，示威演變成暴力事件。去年 8 月 12 日的事情依然歷歷在目，及後疫情爆發，機場客運量因此大幅下滑。去年 9 月客運量達五百萬人次，今年同月則為五萬人次，相比下，大跌了 90%。

貨運有較好表現，只下跌了 4.7%。到目前為止我們依然是全球首屈一指的貨運機場。很難想像只是一年前，我們曾經是全球第四大國際客運機場。現在，我們則有超過二百架飛機停泊在停機坪。

為了讓航空公司和零售商戶可以繼續經營，過去一年，我們在租金寬減、資助和購買將於日後送出的機票方面，合共花費了十八億港元。為甚麼？因為當我們重新對外開放、航綫恢復後，我們需要所有相關各方準備好迎接旅客。如果沒有商鋪營業，沒有航空公司提供服務，我們是無法重新安排航班時間表。

你們都記得，我們剛於去年購入了亞洲國際博覽館。當時亞博館十分繁忙，我們積極規劃未來營運。但由於疫情關係，亞博館現改成臨時醫療設施。不過即使面對所有挑戰，我們的同事依然保持冷靜，繼續努力工作。

所以，我很想在此代表董事會，向機場管理局、機場保安有限公司及亞博館的全體同事，致以衷心謝意，他們表現專業，堅守崗位，令機場維持運作，而且即使每小時只有一班航班升降，所需要的努力亦有如每小時一百二十班航班升降，此外，同事們亦嚴格把關，防止病毒傳入本港。

你們在短片中見到，我們的擴建計劃從來沒有停步。三跑道系統項目進展順利。我們解決了很多難題，尤其是取得足夠海砂填海。現在填海工程已差不多完成，我們終於可以放下心頭大石，可以進行所有屋宇設備工程及上層結構工程。

與此同時，我們正在一號客運大樓安裝很多高科技設施。你們都見到那些硬件和軟件。曾經每日有二十二萬人次來往機場，當他們再次來到時，將會發現一號客運大樓煥然一新的模樣。

但令人擔心的是，此後將會出現經濟衰退。那麼未來會怎麼樣呢？航空旅行、機場的新常態是甚麼？除了航空問題外，這次疫情還引起了其他宏觀問題，例如貿易戰，甚至中美冷戰。氣候變遷正變得越來越嚴重，引發各種自然災害、美國西岸大範圍火災、東岸水浸及風暴。

因此，這些情況均對航空旅遊及航空業構成直接或間接影響。

不過，香港人生性樂觀堅強，我們對香港將會復蘇感到樂觀，機場業務亦將反彈。在過往歷史中，我們也曾經歷不少風雨、克服種種挑戰後，自強不息，今次亦將不例外，而且目前我們擁有多項利好因素。

首先，中國，我們的最大腹地率先復蘇，經濟不斷增長。其次，「一帶一路」倡議，實際上不僅為航空業，更為香港所有企業開拓了一個龐大市場，因此，日後我們或許要尋找不同方向。

其次是粵港澳大灣區倡議。香港國際機場具備各項優勢，在珠江口附近我們設置了多個收集點，設有票務櫃位。大灣區成為我們的腹地市場及客貨來源。

我們亦自行在非核心業務方面創造機會。從剛才播放有關「機場城市」的短片中看到，我們的願景是將「城市機場」發展為「機場城市」，通過不同活動，不但從海空方面，更經港珠澳大橋吸引來自大灣區的遊客及旅客到訪。

我們絕對有意將亞博館由現時用作醫療中心變回進行展覽、貿易展及娛樂場地。我還記得在疫情前，亞博館曾舉行 K-pop 演唱會，吸引約一萬名觀眾在此尖叫歡呼，相信此情景快將再次出現。疫情前香港國際航空學院辦得有聲有色，可以肯定疫情後將會復蘇過來。

我還必須說，我們時刻惦記着員工福祉。首先，我決定不裁員、不減薪（掌聲）。我們在四號停車場上蓋增建更多樓層，提供空間開設員工餐廳、健身室、卡拉 OK 、幼兒園等設施，以供機管局以至整個機場社區員工使用。

所有這些項目均經過審慎財務規劃。我們的收入已大幅下降，但支出在上升，包括現有開支：三跑道系統、所有提升項目、擴建計劃，以及給予商鋪及航空業的資助。

我們很幸運仍能維持極高的信貸評級。我們剛向多間銀行再集資三十八億元，並獲得超額認購，這顯示金融界對我們的機場，以至香港未來充滿信心。

各位同事，我們由衷希望疫情快將過去。機場將再次起飛，香港將再創高峰。飛機將會再翱翔天際，帶來商業發展及繁榮。實際上，管理層制訂了一個宏大的復蘇計劃。因此，一旦疫情出現退卻迹象，我們將隨即投入大量資源，全力以赴，積極加快復蘇步伐。

所以在這日來到前，請大家抖擻精神、做好身心方面的準備，待有利機場及香港的時機到來時竭盡全力。多謝各位。

（本文原為作者於香港機場管理局員工簡報會之發言稿）

鳴謝

（按筆劃序）

何文匯教授
徐詠璇小姐
黃福榮先生
鄭寶鴻先生
潘思澄小姐
羅燦先生
Ms. Elly Tsang

巴塞爾藝術展
Ms. Patricia Li

香港貿易發展局
Ms. Jenny Koo
Ms. Loretta Wan
Ms. Pauline Chan
Ms. Sophia Chong
Mr. William Chui

香港機場管理局
Mr. Adrian Cheung
Ms. Cathy Cheung
Mr. Joshua Cheng
Mr. Kenneth Lee

香港鐵路有限公司
Mr. Adi Lau
Ms. Jennifer Man
Ms. Phillis Ho
Mr. Terry Wong
Ms. Valerie Wong

電訊盈科
Ms. Elsa Lin
Ms. Jessie Fung
Ms. Natalie Siu

圖片提供

（以下未有列明來源之圖片均由作者提供）

頁 VIII	鄭寶鴻
頁 25	鄭寶鴻
頁 43	《華僑日報》
頁 49	鄭寶鴻
頁 50	政府新聞處
頁 53	香港機場管理局
頁 56（上圖）	政府新聞處
頁 56（下圖）	鄭寶鴻
頁 70	鄭寶鴻
頁 73	《成長中的新鴻基》1981 年紀念特刊
頁 82	《華僑日報》
頁 92	《紐約時報》
頁 106（下圖）	香港貿易發展局
頁 109	政府新聞處
頁 113（上圖）	香港貿易發展局
頁 115	香港貿易發展局
頁 117	香港貿易發展局
頁 119	香港貿易發展局
頁 120	香港貿易發展局
頁 122（上圖）	巴塞爾藝術展
頁 122（下圖）	香港貿易發展局
頁 132	香港貿易發展局
頁 165	香港鐵路有限公司
頁 166	香港鐵路有限公司
頁 167	香港鐵路有限公司

頁 170	香港鐵路有限公司
頁 175	香港鐵路有限公司
頁 181（上圖）	香港鐵路有限公司
頁 183	香港鐵路有限公司
頁 187	香港鐵路有限公司
頁 213	電訊盈科
頁 215	電訊盈科
頁 224	香港貿易發展局
頁 231	香港貿易發展局
頁 245	香港機場管理局
頁 249	香港機場管理局
頁 250	香港機場管理局
頁 251	香港機場管理局
頁 253（下圖）	香港機場管理局
頁 254	香港機場管理局
頁 255	香港機場管理局
頁 256	香港機場管理局
頁 261	香港機場管理局
頁 267	香港機場管理局
頁 272	香港機場管理局
頁 273	香港機場管理局
頁 279	香港機場管理局
頁 281	香港機場管理局
頁 282	《am730》
頁 283	《信報》